人間は利己的か

イギリス・モラリストの論争を読む

柘植尚則

ars incognita
慶應義塾大学三田哲学会叢書

目次

はじめに

人間は生まれつき利己的であるのか、それとも、利他的で社会的であるのか――この問題は、人間の本性に関わるものであり、洋の東西を問わず、今日に至るまで、ずっと論じられてきた。たとえば、古代中国の諸子百家、古代ローマの賢人たち、中世キリスト教の教父たちの思想のうちに、この問題に関する議論が見られる。また、近代のイギリスでも、とくに「利己心」(selfishness, self-interest) や「自己愛」(self-love) をめぐって、人間の精神や生き方を探究するモラリストたちの間で活発な議論が交わされた。

「モラリスト」と言うと、近代フランスのモンテーニュ、パスカル、ラ・ロシュフコーが有名であるが、近代のイギリスにも多くのモラリストがいる。イギリスとフランスのモラリストたちの間には交流はなかったものの、同じ時代にあって人間の精神や生き方を探究した点で、両者は共通している。ただ、イギリスのモラリストたちは、人間の精神や生き方だけでなく、そこから進んで、社会のあり方も探究している。また、イギリスのモラリストたちは共通の課題について議論を交わしており、その一つが利己心の問題である。

利己心をめぐる近代イギリスのモラリストたちの論争は、一七世紀から一九世紀にかけて、継続的になされた。この論争の背景にあったのは、当時の精神的な状況である。キリスト教は、貪欲を七つの大罪の一つとして、また、自己への愛を神への愛に対立するものとして、激しく非難してきた。そのため、中世では、キリスト教の強い影響の下で、利己心は長らく否定されてきた。しかし、近代になり、キリスト教の影響が弱まるにつれて、利己心は、人間の重要な本性として、しだいに肯定されるようになった。さらに、市民社会が誕生し、発展する中で、利己心は、市民社会を支え、動かすものとして、容認されるようになった。そうした状況を背景として、モラリストたちは利己心をめぐって議論を交わしたのである。

そして、現代でも、利己心は、人間の重要な本性として、肯定されている。また、現代の社会は近代の市民社会を基礎としており、利己心は、現代の社会を支え、動かすものとして、容認されている。その点で、現代の精神的な状況は、近代のイギリスとそれほど変わらない。それゆえ、利己心をめぐる近代イギリスのモラリストたちの論争は、現代でも重要である。そこで、本書では、とくにこの論争を取り上げることにしたい。

では、利己心をめぐる近代イギリスのモラリストたちの論争とは、どのようなものだったのか。この論争の大まかな内容は次の通りである。

論争の出発点となったのは、トマス・ホッブズの利己的な人間観である。多くのモラリストがそれに反対したが、中でも、第三代シャフツベリ伯爵は、ホッブズに対抗して、利他的で社会的な人間観を唱えた。ここから、論争が本格的に始まった。まず、バーナード・マンデヴィルは、シャフツベリの利他的で社会的な人間観を批判し、利己心が人間や社会にとって重要であると主張した。それに対して、フランシス・ハチスンは、シャフツベリを擁護し、マンデヴィルを批判して、仁愛《じんあい》の存在を主張し、利他的な人間観を唱えた。さらに、ジョゼフ・バトラーは、利己的な人間観と利他的な人間観の中間をとり、仁愛の存在を認める一方で、自己愛も重視した。

次に、論争が進むと、「利己的な人間がいかにして利他的で社会的になるのか」という問題が論じられるようになった。この問題をいち早く論じたのはマンデヴィルであるが、それに続いたのは、デイヴィッド・ヒュームやデイヴィッド・ハートリーである。両者は、それぞれの仕方で、利己的な人間が利他的で社会的になる過程を説明した。さらに、アダム・スミスは、ヒュームやマンデヴィルの考えを継承しつつ、利己的な人間が利他的で社会的になる過程や、社会における利己心の重要性について、独自の議論を展開した。また、トマス・リードは、バトラーの考えを継承しつつ、利己心をより重視した新たな人間観を唱えた。

続いて、ジェレミー・ベンサムは、快楽主義の立場から人間について論じ、功利主義の立場から個人や社会の利益について論じた。だが、ベンサムの人間観が利己的なものと見なされたのを受けて、ジョン・ステュアート・ミルは、ベンサムの人間観を継承しつつも、人間は社会的になりうると主張し、その過程や方策について論じた。さらに、ヘンリー・シジウィックは、自己愛や仁愛を道徳の原理と捉え、両者の対立について論じた。また、同じ時期に、フランシス・ハーバート・ブラッドリーは、独自の議論に基づいて、人間が社会的な存在であると主張し、ハーバート・スペンサーは、進化論の立場から、人間の利己性と利他性の関係について詳細な考察を行った。

では、利己心をめぐる近代イギリスのモラリストたちの論争には、どのような特徴があるのか。論争の大きな特徴としては、次の三点が挙げられる。第一に、モラリストたちは、利己的な人間観に賛成するにせよ、反対するにせよ、利己心をおおむね肯定している。第二に、彼らは、利己心を合理的なものと見なしたり、人間や社会にとって重要なものと考えたりするなど、様々な仕方で利己心を正当化している。そして、第三に、彼らは、利己心を肯定し、正当化するだけでなく、利己心に一定の制約も課している。

本書では、利己心をめぐる近代イギリスのモラリストたちの論争について、主要なモラリストたちの議論を紹介しながら、その内容と特徴を明らかにしていきたい。

1　ホッブズ

利己心をめぐるモラリストたちの論争の出発点となったのは、トマス・ホッブズ（Thomas Hobbes, 1588-1679）の人間論である。ホッブズ自身は人間が生まれつき利己的であるとは明言していないが、ホッブズの議論のうちには、利己的な人間観が見出される。

人間は自己保存を目的とする

第一に、ホッブズは、あらゆる人間は自己の「保存」（preservation, conservation）を主要な目的とすると主張している。主著の『リヴァイアサン』（*Leviathan*, 1651）では、次のように述べている。

二人の人が同じものを欲し、それにもかかわらず、ともにそれを享受することができないとすれば、二人は敵となる。そして、自分の目的（それは、主として自分自身の保存であり、時には自分の楽しみにすぎない）に至る道において、互いを滅ぼしたり、征したりしようと努めるのである。

また、『人間論』(*De Homine*, 1658)では、「各人にとって最大の善は自分自身の保存である」と主張している。

そして、ホッブズは人間の自己保存を「自然の権利」と捉えている。より正確には、自己保存によって自然の権利を規定している。ホッブズによれば、自然の権利とは「各人が、自分の本性、すなわち、自分の生命を保存するために、自らが意志するように自分の力を用いる自由であり、したがって、自分の判断と理性において、そのために最適の手段と思うことを何でも行う自由である」。

さらに、ホッブズは人間の自己保存の保障を国家(コモンウェルス)の目的と考えている。「人間(彼らは生まれつき自由と他人に対する支配を愛する)が自分自身に対する拘束(コモンウェルスでは、彼らがその拘束の中で生きるのが見られる)を導く際の究極の原因・目的・企図は、自分自身の保存への見込みと、それによるいっそう満足した生活への見込みである」。ただし、各人は、国家を設立するために、自己を保存する自然の権利を互いに放棄しなければならず、国家が設立されたのちは、国家によってその権利を著しく制約される。

自己保存は人間の主要な目的、最大の善であり、自然の権利であり、国家の目的である。人間論から国家論に至るまで、ホッブズの議論は自己保存に貫かれている。

人間は必ず自分の善を意志する

第二に、ホッブズは、人間は必ず自分の善を意志すると主張している。たとえば、『市民論』(*De Cive*, 1642)では、「意志的になされることは何であれ、意志する者にとって善きもののためになされる」と語っている。また、『リヴァイアサン』でも、次のように述べている。

自分にとっての善を意図せずに贈与する者はいない。というのも、贈与は意志的なものであり、すべての意志的な行為にあっては、その対象は、あらゆる人にとって、自分自身の善だからである。

人が自分の権利を譲渡したり放棄したりするときはいつでも、その代わりに何かの権利が自分自身に譲渡されると考えてのことか、それによって期待される何か別の善のためであるか、そのいずれかである。なぜなら、それは意志的な行為であり、あらゆる人の意志的な行為にあっては、その対象は自分自身にとっての何かの善であるからである。

要するに、どのような場合でも、ある人の意志の対象はその人にとっての善である、というのが、ホッブズの主張である。そして、この主張は、人間は自分の善しか意志できない、と読むことができるし、ホッブズ自身もそのように考えている。

ただし、ホッブズの主張は、彼の「善」や「意志」の定義に基づいている。ホッブズによれば、「ある人の欲求や欲望が何であれ、それは、その人が善と呼ぶものである。そして、憎しみや嫌悪の対象は、悪と呼ぶものである」。また、「行為やその回避に直接つながっている、最後の欲求や嫌悪が、われわれが意志と呼ぶものである」。つまり、善とは自己の欲求の対象のことであり、意志とは行為を導く欲求のことである。それゆえ、人間は必ず自分の善を意志する、あるいは、自分の善しか意志できないというホッブズの主張は、人間は必ず自分の欲求するものを欲求する、あるいは、自分の欲求するものしか欲求できない、と述べているにすぎない。

人間は自分の善のために他人の善を欲する

第三に、ホッブズは、人間は自分の善のために他人の善を欲すると主張している。たとえば、『人間本性』(*Human Nature*, 1650)では、「善意」や「慈愛」について、次のように説明している。

時には愛と呼ばれるが、より適切には、善意や慈愛と呼ばれる、別の情念がある。人にとって、自分の欲望を満たすことだけでなく、他人がその欲望を満たすのを助けることもできると知ることほど、自分の力を示す大きな証拠となりうるものはない。そして、このことが慈愛の本質をなす考えである。

つまり、善意や慈愛から他人の善を欲するとしても、それは、他人の善そのものを欲しているのではなく、それを実現することで得られる、自分の善（虚栄心の満足）を欲しているのである。

また、『リヴァイアサン』では、「憐れみ」や「同情」について、ホッブズは次のように説明している。「他人の災いに対する悲しみは、憐れみであり、同様の災いが自分にも起こるかもしれないという想像から生じる。それゆえ、同情とも呼ばれ、今日の言葉遣いでは、同胞感情とも呼ばれる」。つまり、人が他人に憐れみや同情を感じるとしても、それは、他人の苦しみを感じているのではなく、他人の災いが自分に起こると想像することで生じた、自分の苦しみを感じているのである。

ホッブズは、善意や慈愛、憐れみや同情についてこのように説明し、他人の善への欲求や感情の根底には、自分の善への欲求や感情が存すると主張している。この主張は、他人の善への欲求は自分の善への欲求が偽装したもの、すなわち、「偽装された利己心」である、という主張でもある。

また、ホッブズは『市民論』で「社会」や「社交」について論じている。人間は社会に適するように生まれついた動物ではない。人間が社会に適するように作られるのは、自然によってではなく、訓練によってである。そして、人間は「生まれつき社交そのものを求めるのではなく、そこから名誉や利益が得られるがゆえに、それを求めるのであり、第一に名誉や利益を、第二に社交を欲するのである」。それゆえ、「すべての社会は、利得と誇りのいずれかのためにある。つまり、仲間への愛ではなく、自分自身への愛のためにある」。この議論も「偽装された利己心」の議論に通じるものである。

人間は自己の保存を目的とし、必ず自分の善を意志し、自分の善のために他人の善を欲する。これらの主張が相まって、ホッブズの人間論は、利己主義を代表するものと見なされ、多くのモラリストに批判されることになった。

2 シャフツベリ

ホッブズの利己的な人間観は多くのモラリストに批判されたが、彼らの中には、ホッブズに対抗して、利他的で社会的な人間観を唱える者も現れた。その一人が第三代シャフツベリ伯爵（Anthony Ashley Cooper, Third Earl of Shaftesbury, 1671-1713）である。

人間は自然に群れをなす

シャフツベリは、『人間、風習、意見、時代の諸特徴』（*Characteristics of Men, Manners, Opinions, Times*, 1711）で、ホッブズをはじめとする利己主義者を批判している。利己主義者は社会的な情愛を利己心や自己愛に還元しようとする。「彼らは、すべての社会的な情念や自然的な情愛を、利己的な種類のものと名づけて説明する。たとえば、見知らぬ人々や不幸な人々に対する親切、歓待、博愛は、慎重な利己心にすぎない。誠実な心は狡猾な利己心にすぎず、誠実さや善良さは慎重でよく規制された自己愛にすぎない」。

また、利己主義者は社会的な情愛と利己的な情愛を対立するものと見なし、自分の利益のために社会的な情愛を抑圧しようとする。「自己利益に関する周知の推論のやり方に従えば、われわれの内にある社会的な種類の情愛は、とうぜん廃棄すべきである。それゆえ、あらゆる種類の親切、寛大さ、優しさ、同情、要するに、すべての自然的な情愛は、熱心に抑圧すべきであり、本性の愚かさや弱さとして、抵抗し克服すべきである」。

そして、シャフツベリは、利己主義者を批判するだけでなく、人間が生まれつき社会的であり、社会を自然に形成すると主張している。

食べることや飲むことが自然であるならば、群れをなすこともそうである。欲求や感覚が自然であるならば、仲間であるという感覚も同じである。両性の間の情愛の中に何らかの自然が存するならば、その結果として生まれる子孫に対する情愛も、たしかに同じくらい自然であり、さらに、同じ規律と秩序の下で育てられた、身内や仲間のような、子孫どうしの情愛もそうである。こうして、氏族や部族というものがしだいに形成され、公共というものが認識される。

シャフツベリはこのように主張して、自然に群れをなすという人間の性質を「群集原理」（herding principle）と名づけている。

自然的情愛は人間を幸福にする

さらに、シャフツベリは、公共の善を導く「自然的情愛」（natural affection）が人間を幸福にすることを示そうとしている。

シャフツベリによれば、「自然な、優しい、寛大な情愛を、公共の善に対して強く持つことは、自己の喜びの主たる手段と力を持つことである」。自然的情愛を持つことは、それ自体で最高の喜びである。また、他人の善が移ったり、それを感じたりすることで、あるいは、他人から愛されたり、評価されたりすることで、精神的な喜びをもたらす。

第一に、自然的情愛がそれ自体でいかに最高の快楽や喜びであるかを説明するとすれば、愛、感謝、恵み深さ、寛大さ、憐れみ、援助、あるいは、社交的で友好的な種類のものは何であれ、そうした生き生きとした情愛の下にある精神の状態を知っている人間に対しては、このことを証明する必要はほとんどないように思われる。

第二に、いかにして精神的な喜びが自然的情愛から生じるかを説明するとすれば、自然的情愛がもたらすものが「交流によって善を享受すること、いわば、他人の善が反映したり、それに感応したりして、善を受け取ることであり、また、他人から現実に愛されたり、正当な評価や称賛を受けたりして、快い意識を持つこと」であることを考えればよい。

過度の自己情愛は人間を不幸にする

また、シャフツベリは、個人の善を導く「自己情愛」（self affection）に関して、過度の自己情愛が人間を不幸にすることを示そうとしている。

シャフツベリによれば、「私的な情愛や自己情愛を強く持ちすぎること、あるいは、優しい自然的情愛に従属する程度を超えて持つこともまた不幸である」。自己情愛とは、具体的には、生命への愛、侵害への憤り、食欲、性欲、便益への欲望、称賛や名誉への愛、安楽や休息への愛などのことである。

これらの情愛は、適度で一定の限度内にあれば、社会生活にとって有害でもないし、徳の障害にもならない。しかし、過度であれば、臆病、復讐心、奢侈《しゃし》、貪欲、虚栄心や野心、怠惰になり、そうしたものとして、悪徳と見なされ、人間社会にとって悪である。それらがいかに個人にとっても悪であり、公共だけでなく個人にとっても不利益であるか、それらを厳格に検討するとき、われわれはそう考えるだろう。

たとえば、生命への過度の愛は、ほかのものを見えなくし、それらを失わせ、人生をつまらないもの、不自由で不満足なものにする。過度の自己情愛は、自分の利益を求めるにもかかわらず、それに反することになる。また、自己情愛が強くなり、寛大な見方や動機が脇にやられると、人は他人や社会から離れ、自然的情愛について誤った考えを抱き、それを抑えるようになる。こうして、過度の自己情愛は、人間を幸福にする自然的情愛を失わせることになる。

自己情愛は人間にとって必要である

だが、シャフツベリは自己情愛を否定しているのではない。むしろ、自己情愛が人間にとって必要であると主張している。

私的な善や自己の善に対する情愛が、いかに利己的と思われるとしても、実際に公共の善と両立するだけでなく、それにいくらか貢献しているならば、また、おそらく、種一般の善のために、あらゆる個体が分有すべきものであるならば、その情愛は、いかなる意味でも悪や非難すべきものではなく、被造物を善きものとするのに絶対に必要と認められなければならない。なぜなら、自己保存に対するような情愛の欠如がその種にとって有害であるならば、他の自然的情愛の欠如と同じく、こうした欠乏のゆえに、被造物は悪で不自然だからである。

自己情愛は、公共の善と両立しうるだけでなく、それに貢献しうる。また、種が存続するために、人間が分かち持つべきものである。それゆえ、けっして悪ではなく、人間にとって必要であり、反対に、それを欠いていることが悪である。

ただし、シャフツベリにとって重要なのは、単に自分を愛することではなく、「最も正しく、最も真正な仕方で自分を愛し、自分に仕える」ことである。「正しく利己的であることは、疑いなく、知恵の極みである」。

シャフツベリがホッブズの利己的な人間観を批判し、それに対抗して、利他的で社会的な人間観を唱えたことから、利己心をめぐる論争が本格的に始まった。その論争において、シャフツベリの人間論は、利他主義を代表するものと見なされることになった。

3 マンデヴィル

シャフツベリの利他的で社会的な人間観をいち早く批判したのは、バーナード・マンデヴィル（Bernard de Mandeville, 1670-1733）である。マンデヴィルは、シャフツベリに対抗して、利己的な人間観を唱えているが、それにとどまらず、利己心が人間や社会にとって重要であると主張している。

人間は利己的であるがゆえに社会的になる

マンデヴィルは、『蜂の寓話』（*The Fable of the Bees*, 1714; 2nd, 1723）で、人間を利己的な存在と捉えたうえで、利己心が人間を社会的にすることを明らかにしようとしている。

マンデヴィルによれば、「自然の状態にあって、真の神を知らない、単なる人間」は、「様々な情念の複合物」である。そして、「すべての情念は自己愛を中心とする」。たとえば、人々が交際を好み、孤独を嫌うのは、結局は自分のためであり、交際への愛や孤独への嫌悪は、自己愛に由来する。人間は自己を満足させる以外の目的で行為することができないのである。

このように人間を利己的な存在と捉えたうえで、マンデヴィルは、そうした利己的な性質こそが人間を社会的にすると主張している。

人間を社会的な動物にするものは、交際への欲望、善良さ、憐れみ、温厚さ、他の見かけの美しい長所にあるのではない。最も下劣で憎むべき性質が、最大の社会に、世間によれば、最も幸福で繁栄した社会に人間を適合させるのに最も必要な資質なのである。

人間を社会的にするのは、人間の善き愛すべき性質ではない。シャフツベリが薦める「あの誇らしい中道や穏やかな徳は、なまくら者を生み出すことにしか役立たず、人間を……労働や勤労にふさわしいものにすることも、偉大な業績や危険な事業へと動かすこともけっしてないだろう」。人間を社会的にするのは、悪しき憎むべき性質であって、貪欲、嫉妬、野心といった利己的な情念が人々を労働に服させ、社会に適したものにする。つまり、マンデヴィルの考えでは、人間は利己的であるがゆえに社会的になるのである。

また、マンデヴィルによれば、人間の悪しき憎むべき性質だけでなく、人間が置かれた状況も、人間を社会的にする。「人間の社会性は、次の二つの事柄だけから、すなわち、欲望の多様性と、欲望を満たそうと努める際に出会う継続的な障害だけから生じる」。飢え、渇き、窮乏などの障害も、人間を社会へと向かわせる。「われわれがこの世で自然的にも道徳的にも悪と呼ぶものが、われわれを社会的な生き物にする大原則である」。

利己心は社会に利益をもたらす

また、マンデヴィルは、利己心が社会に利益をもたらすことも明らかにしようとしている。『蜂の寓話』には「私悪すなわち公益」(Private Vices, Publick Benefits)という副題が付されているが、それは、個人の悪徳とされる利己的な情念が社会の利益を生み出す、という意味である。マンデヴィルによれば、社会が繁栄するためには、徳だけでは不十分であり、悪徳が必要である。

悪の根である貪欲、あの呪われた意地の悪い有害な悪徳は、あの気高い罪たる放蕩の奴隷であった。一方、奢侈は百万の貧者を雇い、憎むべき高慢はもう百万を雇った。嫉妬そのものと虚栄は、勤労の召使いであった。そのお気に入りの愚行たる気まぐれ、食べ物や家具や衣服の気まぐれ、あの奇妙で滑稽な悪徳は、商売を動かす、まさに車輪とされた。

貪欲、奢侈、高慢、嫉妬、虚栄、気まぐれといった悪徳は、需要を促し、雇用を生み出し、競争を推し進め、商業を盛んにする。これらの利己的な情念によって、社会は繁栄するのである。

ただし、マンデヴィルは、利己心が自然に社会に利益をもたらすと考えているのではない。そうなるためには「政治的な知恵」が必要であり、政治の「巧みな管理」によって、利己心は社会に利益をもたらす。葡萄酒ができるのは、醜い蔓《つる》からであり、それは、放っておけば、ほかの木を枯らせるが、束ねて切り込めば、見事な果実を実らせる。それと同じく、「正義によって刈り込まれ縛られるときには、悪徳も有益である。否《いな》、人民が偉大であろうとする場合には、国家にとって必要でもある」。こうして、「私悪は、巧みな政治家の熟練した管理によって、公益に変えられるだろう」。

利己心は、政治の巧みな管理によって、社会に利益をもたらす。マンデヴィルの「私悪すなわち公益」の議論は、利己心を経済的に正当化するものである。

政治の巧みな管理が人間を従順で有用にする

では、政治の巧みな管理とはどのようなものか。マンデヴィルは、その一つとして、政治家が人間の「自尊心」（pride）に働きかけ、「名誉」と「恥」を教えることで、人間を従順で有用にする、という方策を挙げている。

マンデヴィルによれば、人間は利己的で頑固でずる賢い動物であり、力だけで人間を従順にすることはできない。だが、人間には自尊心がある。そこで、政治家は、「追従」という方法で人々に取り入り、自分の欲求を抑えて公益をめざすことが名誉であり、反対に、自分の欲求に囚《とら》われて私益をめざすことが恥であると教える。その結果、人々は、政治家の追従に自尊心を煽《あお》られて、名誉を求め、恥を避け、私益よりも公益をめざそうとするのである。

マンデヴィルの定義では、自尊心とは、「知性をいくらかでも持っているあらゆる人間が、自分自身を過大に評価し、その性質や状況のすべてを知り尽くした公平な裁判官が認めるよりも大きな美点を自分について想像する、自然的な能力」である。マンデヴィルはこの自尊心が人間の重要な本性であることを強調している。


自尊心に気づかないほど不完全ではないすべての動物のうちで、最も優れたものや、最も美しく価値のあるものが、概して、自尊心を最も多く持っている。それゆえ、動物のうちで最も完全である人間にあっては、自尊心は（いかに巧妙にそれを隠したり蔑《さげす》んだりするようになるとしても）人間のまさに本質と不可分であるから、自尊心がなければ、人間を作り上げている複合物は、最も主要な要素の一つを欠くだろう。

そして、マンデヴィルは、人間は、このような自尊心を持つがゆえに、政治の巧みな管理によって、従順で有用になると主張している。

さらに、マンデヴィルの考えでは、「道徳」も政治の巧みな管理の産物である。政治家は、自分の欲求を抑えて公益をめざす人間を称賛し、自分の欲求に囚われて私益をめざす人間を非難する。その結果、人々は、公益をめざすことを徳と呼び、私益をめざすことを悪徳と呼ぶことに同意し、徳を求め、悪徳を避けようとするのである。それゆえ、「道徳的な徳は、追従が自尊心に生ませた政治的な子である」。

人間は利己的であるがゆえに社会的になり、利己心は社会に利益をもたらし、政治の巧みな管理は人間を従順で有用にする。こうした主張により、マンデヴィルの人間論は、ホッブズの人間論とともに、利己主義を代表するものと見なされることになった。

4　ハチスン

マンデヴィルは、シャフツベリの利他的で社会的な人間観を批判し、利己的な人間観を唱えた。それに対して、フランシス・ハチスン（Francis Hutcheson, 1694-1746）は、シャフツベリを擁護し、マンデヴィルを批判して、利他的な人間観を唱えている。

徳の知覚は利益の知覚と異なる

ハチスンは、『美と徳の観念の起源』（*An Inquiry into the Original of our Ideas of Beauty and Virtue*, 1725; 2nd, 1726）で、「道徳的善」と「自然的善」、すなわち、「徳」と「利益」を区別し、徳が利益と異なる仕方で知覚されると論じている。

> 道徳的な善と悪の知覚が自然的善すなわち利益の知覚とまったく異なることは、これらの対象が現れるときに心を動かされる仕方が異なることを反省すれば、あらゆる人が確信するに違いない。外的な感覚から生じる利益や利害とは別の、善の感覚がなければ……肥沃な土地

や便利な住居に対する賛美や愛は、寛大な友人や高貴な性格に対して抱くものとほとんど同じになるだろう。

寛大さや高貴さのような道徳的善に対して抱く感情と、土地や家のような自然的善に対して抱く感情は、まったく異なる。有徳な人はそれを見る者のうちに是認の感情を引き起こすが、有益な物は所有欲しか生み出さない。だが、徳の知覚がないとすれば、有益な物が有徳な人と同じように評価されるだろう。それゆえ、利益の知覚とは別に、徳の知覚があるに違いない。

ハチスンは、徳が利益と異なる仕方で知覚されることを、次のようにも説明している。われわれが二人の人から同じ利益を受けるとしよう。そして、一人は、われわれの幸福を望んで、あるいは、われわれに対する愛から、もう一人は、自分の利益を見込んで、あるいは、強制されて、それぞれわれわれに尽くすとしよう。この場合、二人とも、われわれにとって等しく有益であるが、それでも、われわれは二人に対してまったく違う感情を抱くだろう。それゆえ、われわれは、利益の知覚と異なる、道徳的行為の知覚を持っているに違いない。

ハチスンはこのように論じて、徳の知覚は利益の知覚と異なると主張している。そして、徳を知覚する能力を「道徳感覚」（moral sense）と呼んでいる。その能力が感覚と呼ばれるのは、意志とは独立に、利益に関わりなく、徳を知覚するからである。さらに、ハチスンは、徳が道徳感覚によって知覚されると主張することで、徳を利益から引き出そうとする利己主義の立場を批判している。

すべての徳は仁愛から生じる

続いて、ハチスンは、すべての徳は「仁愛」（benevolence）から生じると論じている。

われわれが、いかなる場合でも愛すべきと考えられる行為をすべて検討し、それらが是認される根拠を探究するならば、それらを是認する者の意見では、自分が愛されたり利益を受けたりした者の一人であるかどうかに関わりなく、それらはつねに、仁愛的なもの、つまり、他人への愛やその幸福への追求から生じるものに見える、ということが分かる。

つまり、ある行為が徳として是認されるのは、その行為が仁愛から生じるからである。そして、ハチスンは、人間が道徳感覚を持ち、道徳感覚が仁愛を是認することを明らかにすることで、人間が利他的な存在であることを示そうとしている。

また、ハチスンは、『道徳感覚についての例証』（*Illustrations on the Moral Sense*, 1728）でも、次のよ

うに述べている。「われわれには、自己愛だけでなく、他人に向かう様々な程度の仁愛的な情動もあり、後者は、われわれが、私的な幸福についてまったく考えずに、他人の幸福を究極の目的として欲するようにする」。そして、「われわれには道徳感覚がある。それは、自分や他人のうちにある優しい情動や、そこから生じると想像される公的に有用な行為をすべて是認するという、心の傾向であり、それらを是認するときには、自分の私的な幸福についてまったく考えない」。

ハチスンは徳を仁愛に限定している。あるいは、すべての徳を仁愛に還元している。ハチスンの考えでは、節制、勇気、慎慮、正義が徳とされるのも、それらが公共の善を促進するのに必要な性向だからである。また、ハチスンは、仁愛が私的な利益には関わらないことを強調している。たとえば、われわれは、他人にとって有用であっても、他人の善への欲求や喜びを持たず、自分の利益だけを求める人を、仁愛的とは呼ばない。それゆえ、自己愛は徳の源泉ではない。徳の真の源泉は、仁愛、すなわち、「他人の善をめざす、われわれの本性のある傾向、あるいは、利害に基づくすべての理由に先んじて、他人への愛へとわれわれを動かす、ある本能」である。

自己愛は仁愛と共同しうる

だが、ハチスンは、シャフツベリと同じく、自己愛を否定しているのではない。むしろ、シャフッベリよりも進んで、自己愛が仁愛と共同しうることを認めている。

ここで、次のことは認めなければならない。すべての人は仁愛だけでなく自己愛も持っているから、これら二つの原理が共同して人を同じ行為に駆り立てることもある。そこで、それらは、同じ身体を活動へと促す二つの力と考えられるべきであり、団結したり、互いに無関心であったり、いくらか対立したりする。

ハチスンの考えでは、自己愛は、仁愛とつねに対立するわけではなく、共同することもある。そして、仁愛と共同して、有徳な行為を生み出すこともできる。つまり、徳への共同の動機になることができる。たとえば、われわれは、自分の仁愛的な行為を反省するとき、大きな快楽を得る。そこで、仁愛を養い、それに対立する利益を蔑むことを決意する。それゆえ、「自己利益は、われわれの道徳感覚にとって有徳に見える行為の唯一の動機でも主要な動機でもありえないが、この快い状態にとどまることに決めるときの、われわれの動機になりうる」。

また、「名誉への愛」も徳への共同の動機になりうる。有徳な人は、他人への愛から直接に行為する。だが、名誉が与える快楽は、仁愛に対する反省から生じる快楽と同じく、「彼にとって、そうした行為を始めたり、あらゆる優しい性向を養ったり、自分の徳に対する反省や他人からの尊重の意識よりも少ない幸福しか与えないような、あらゆる相反する利益を蔑んだりする、共同の動機になるだろう」。

ただし、「自尊心」に関しては、ハチスンはマンデヴィルに強く反対している。マンデヴィルによれば、人間は追従に自尊心を煽られて、名誉を求め、徳をなそうとする。しかし、人間が徳をなすのは、仁愛を持っているからであり、徳を賛美するのは、道徳感覚を持っているからである。それゆえ、徳は追従が自尊心に生ませた子ではない。むしろ、道徳感覚が無知のために誤るところから、悪しき自尊心が生まれる。「自尊心は、その語の悪い意味では、無知と道徳感覚との間に生まれた私生児である」。

ハチスンは、人間が道徳感覚を持ち、道徳感覚が仁愛を是認することを明らかにすることで、人間が利他的な存在であることを示そうとした。それにより、ハチスンの人間論は、シャフツベリの人間論とともに、利他主義を代表するものと見なされることになった。

5　バトラー

ホッブズやマンデヴィルは人間を利己的な存在と捉え、シャフツベリやハチスンは人間を利他的で社会的な存在と捉えた。それに対して、ジョゼフ・バトラー（Joseph Butler, 1692-1752）は、両者のいわば中間をとり、仁愛の存在を主張しつつ、自己愛も重視している。

自己愛は欲求・情念・情愛に優越する

バトラーは、『説教集』（*Fifteen Sermons preached at the Rolls Chapel*, 1726; 2nd, 1729）で、人間の本性を、「欲求」「情念」「情愛」という個別的原理、「自己愛」「仁愛」という一般的原理、「良心」（conscience）という反省の原理からなる、一つの体系と捉えている。

そして、バトラーは、欲求・情念・情愛が自己愛や仁愛と異なることを強調している。人間には、自己愛や仁愛と異なる、様々な欲求・情念・情愛がある。それらは、私的な善と公的な善をともに促進する。それらのうちには、私的な善をめざすように見えるものや、公的な善をめざすように見えるものもあるが、前者は自己愛ではなく、後者は仁愛ではない。たとえば、食欲は個人の保存をめざすように見えるが、その対象は食物である。バトラーの考えでは、欲求・情念・情愛は個別的なものを対象としており、私的な善を対象とする自己愛や公的な善を対象とする仁愛とは異なる。

とくに、バトラーは、自己愛と欲求・情念・情愛が異なることを強調している。自己愛は「自分の幸福への一般的な欲望」であり、個別的なものを対象とする欲求・情念・情愛とは違う。また、いわゆる「利己心」には「冷静で落ち着いたもの」と「情熱的で感覚的なもの」があり、前者が自己愛であり、後者が欲求・情念・情愛である。そして、バトラーは、自己愛と欲求・情念・情愛を区別せず、それらをすべて自己愛に還元する利己主義を批判している。

ただ、そのうえで、バトラーは、自己愛が欲求・情念・情愛に優越すると主張している。

情念が自己愛に勝《まさ》れば、結果として生じる行為は不自然であるが、自己愛が情念に勝れば、その行為は自然である。明らかに、自己愛は人間の本性において情念に優越する原理である。……われわれが人間の本性の秩序に合致して行為しようとするならば、合理的な自己愛が支配しなければならない。

バトラーにとって、自己愛は、欲求・情念・情愛と異なり、それらに優越する、冷静で合理的な原理である。ホッブズやマンデヴィル、シャフツベリやハチスンにとって、自己愛は情念や情愛、あるいは、その源泉や総称であった。それに対して、バトラーは自己愛をいわば格上げし、これまでにない高い地位を与えている。

自己愛と仁愛は一致する

次に、バトラーは、人間の本性には、自己愛だけでなく、仁愛も存在することを強調している。そのうえで、自己愛と仁愛は一致すると主張している。

仁愛と自己愛は異なるとはいえ、前者は公的な善に、後者は私的な善に直接向かうとはいえ、われわれ自身にとって最大の満足は、仁愛を適度に持つことに依存するのであり、自己愛は、われわれが社会に対して正しく振る舞うことへの一つの主要な保証なのであって、両者はそれほど完全に一致している。

仁愛は人々に満足を与える。「慈善の実行、隣人愛、自分に関係のあるすべての人々の幸福を促進しようとする努力のうちに、満足を見出す」ことは、多くの人が経験している。また、自己愛は社会に適するように人々を規制する。過度の自己愛は自分の利益を失うから、「自己愛からでさえ、われわれは自分に対するすべての法外な関心や顧慮に勝るよう努力する」。このように、自己愛と仁愛は一致している。バトラーの考えでは、自己愛と仁愛は「対立させられるべきではなく、ただ区別されるべき」であり、両者の間には「何ら特別な対立や競合はない」。

だが、一般に、自己愛と仁愛は対立すると考えられている。その理由について、バトラーは次のように説明している。そうした考えは、幸福を「所有」のように見るところから生じる。つまり、幸福が所有と同じであるとすれば、他人の所有物が増えれば自分の所有物が減るように、他人の幸福が増えれば自分の幸福が減ることになる。しかし、幸福とは内的な喜びであって、外的な事物の所有ではない。そして、仁愛はそれ自体で満足を与えるのであり、その意味で、自己愛の役に立つ。それゆえ、原理的には、自己愛と仁愛は対立しないのである。

良心と自己愛は一致する

続いて、バトラーは、良心が人間の本性の頂点に立つ原理であると主張している。良心は、自己について道徳判断を行い、その判断に基づいて自己を統制する原理である。「それは、自分自身と行為を判断する、つまり、ある行為がそれ自体で正義である、正しい、善であると、他の行為がそれ自体で悪である、不正である、不正義であると決定的に宣告する」。そして、「この能力は、われわれの本来の統治者となるべく、すべての下位の原理、情念、行為の動機を指導し統制するべく、心中に置かれたのである」。

そして、バトラーは、良心を人間の本性の頂点に置いたうえで、良心と自己愛は一致すると主張している。

合理的な自己愛と良心は、人間の本性における主要で優越した原理である。なぜなら、ほかのすべての原理が破棄されても、行為は人間の本性に適合するかもしれないが、この二つの原理のいずれかが破棄されるならば、行為は人間の本性に適合しなくなるからである。良心と自己愛は、真の幸福を理解するならば、つねに同じ道に導く。

バトラーは次のようにも主張している。「普通の人生において、われわれの義務と利益と呼ばれるものとの間にはほとんど不一致がないことは明白である。また、義務と、われわれの目前の真なる利益、利益とは幸福や満足のことであるが、それらの間に不一致があることは、はるかにまれである。かくして、自己愛は……概して徳と完全に一致しており、われわれを同じ人生の行路に導く」。良心と自己愛、義務と利益、徳と幸福は一致し、人間を同じ道に導く。

では、良心と自己愛はどのように一致するのか。バトラーによれば、適度な自己愛は良心によって是認される。「適度な自己愛は正しく、道徳的に善である」。また、良心に基づく行為は満足を与える。「有徳な追求と考えて善をなそうと努力することは、その意識によって満足させられる」。人々は「正義で正しく善きものを追求することのうちに……満足を見出す」。

ただ、バトラーは、自己愛が良心よりも影響力があると考えている。幸福は最も身近で大切であるから、人々は、徳の実践が自分の幸福のためになる、あるいは、自分の幸福に反しないと確信するまでは、それを正当化できない。つまり、「徳がこの世に存在することは、それが私益や自己愛に反しないように見えることにかかっている」。そこで、人々に徳を実践させるために、バトラーは良心と自己愛の一致を説いたのである。

バトラーは、利己主義を批判しつつも、自己愛を重視し、欲求・情念・情愛に対する自己愛の優位、自己愛と仁愛の一致、良心と自己愛の一致を唱えた。とくに、バトラーが自己愛を合理的な原理と見なしたことは、のちの論争に大きな影響を与えることになった。

6　ヒューム

次に、利己心をめぐる論争が進むと、「利己的な人間がいかにして利他的で社会的になるのか」という問題が論じられるようになった。この問題をいち早く論じたのはマンデヴィルであり、多くのモラリストがそれに続いたが、その一人がデイヴィッド・ヒューム（David Hume, 1711-1776）である。

人間は利己的でも利他的でもある

ヒュームは、『人間本性論』（*A Treatise of Human Nature*, 1739-1740）で、利己主義を批判しつつ、人間は、利己的であるだけでなく、利他的でもあると主張している。

ヒュームによれば、人間の利己的な性質はこれまで大げさに描かれ、ある哲学者たちはその性質を、寓話や物語に出てくる怪物のように、自然から外れたものとして述べてきた。しかし、私は、人間が自分以外のものに対してまったく情愛を持たないとは考えていない。それどころか、一人の人を自分よりも愛する人に出会うのはまれであるけれども、優しい情愛をすべて合わせても、すべての利己的な情愛を超えないような人に出会うのもまれである、というのが私の意見である。

ヒュームの考えでは、あらゆる人は他人に対していくらか情愛を持っており、一人の人を自分よりも愛する人はほとんどいないが、すべての人よりも自分を愛する人もほとんどいないのである。

また、ヒュームは、『道徳原理の研究』（*An Enquiry concerning the Principles of Morals*, 1751）では、人間本性における自己愛と仁愛の程度をめぐる論争には立ち入らないと断ったうえで、次のように述べている。「われわれの心には、どれだけ小さくても、いくらかの仁愛が注ぎ込まれており、人類に対する友情のきらめきがいくらかあり、われわれの体には、狐や蛇の要素とともに、鳩の分子がいくらか織り込まれている」。つまり、人間は、自己愛だけでなく仁愛も持っており、まったく利己的であるわけではなく、いくらか利他的でもある、というのがヒュームの立場である。

利己心は自らを抑制する

だが、ヒュームは、人間が利己的であることを軽視しているわけではない。むしろ、利己心が大きな問題であると考えている。ヒュームによれば、自己愛は、自由に働くときには、あらゆる不正義と暴力の源泉になる。また、利己心は、人間が社会を形成するうえで、大きな障害になる。さらに、利益の情念だけは、抑えることが容易ではなく、貪欲だけは、飽くことがなく、永続的で、普遍的で、社会にとって破壊的である。

では、利己心はいかにして抑えられるのか。ヒュームは、獲得への愛のような利己的な情念について、次のように論じている。

獲得への愛に対抗するだけの、そして、人々が他人の所持物に手を出さないようにすることで、人々を社会の成員にふさわしくするだけの、十分な力と適切な指示をともに持つ情動は、人間の心の内にはない。……利益に関わる情動を統制することができる情念はない。ただ、その情動そのものが、その方向を転換することで、自らを統制することができるだけである。

利己的な情念を統制することができる情念はないが、利己的な情念は、向きを変えることで、自らを統制することができる。ヒュームはこのように論じて、利己心は自らを抑制すると主張している。

ヒュームの議論は「利己心の方向転換」と呼ばれている。ヒュームによれば、この転換は反省によって生じる。利益的な情念は、放任されるよりも制限されるほうが、はるかに満足させられる。そのことを反省すると、利己的な情念は向きを変え、自らを抑制するようになるのである。ただ、ヒュームの考えでは、反省を行うのは、利己的な情念ではなく、理性である。それゆえ、より正確には、利己心は、理性による反省に基づいて、自らを抑制する。それは、理性によって教化された利己心、すなわち、「啓蒙された利己心」である。

ヒュームの利己心は、バトラーの自己愛とは大きく異なる。バトラーの自己愛は、情念とは別の原理であり、合理的なものであった。それに対して、ヒュームの利己心は、あくまで情念であり、理性によって教化されたものである。ただ、理性によって教化される限りで、合理的であり、自制的でもある。それゆえ、ヒュームは、バトラーとは異なる仕方で、利己心を格上げしている。

人間は他人や社会の利益に共感する

また、ヒュームは、人間には「共感」（sympathy）という原理があり、この共感によって、人間は他人や社会の利益に関心を持つようになると考えている。この考えは、正義の成立に関するヒュームの議論のうちに見出される。ヒュームは、正義の規則が成立し、続いて、正義の徳が成立すると論じている。

ヒュームによれば、人は、他人に対して当人の財物を所持させておくことが、他人も自分と同じように行為する限りで、自分の利益になるということに気づく。そして、他人も自らの行為を規制することに同じ利益を感じる。そこで、人々は、利益に関するこの共通の感覚を互いに示し、自らの行為を規制するようになる。こうして、正義の規則が成立する。それゆえ、「自己の利益が正義の確立への根源的な動機である」。つまり、利己心が正義の規則を成立させるのであり、より正確には、正義の規則を成立させることで、利己心は自らを抑制するのである。

そして、ヒュームによれば、正義の規則が成立すると、正義や不正義の観念が確立するが、人々は不正義から受ける不利益をけっして見逃さない。

他人の不正義は、自分の利益にまったく影響しないほど離れているときも、われわれをやはり不快にする。なぜなら、それが、人間の社会にとって不利益であり、それを犯す人物に接するすべての人にとって有害であると考えるからである。われわれは、その人々の不快を共感によって分かち持つのである。

そして、われわれは、公平に眺めて、不快を与えるものを悪徳と呼び、満足を生み出すものを徳と呼ぶことから、不正義を悪徳と呼び、正義を徳と呼ぶようになる。こうして、正義の徳が成立する。それゆえ、「公共の利益への共感が正義の徳に伴う道徳的な是認の源泉である」。つまり、他人や社会の利益への共感が正義の徳を成立させるのである。

この議論に見出されるように、ヒュームの考えでは、共感によって、人間は他人や社会の利益に関心を持つようになる。この考えはきわめて重要である。人間は、仁愛によって、他人や社会の利益をそれ自体として求めたり、自己愛によって、それを自分の利益のために求めたりするだけでなく、共感によって、それに関心を持つこともある。つまり、利己的な人間は、共感を通じて、利他的で社会的になることができる。ヒュームはそう主張しているのである。

ヒュームは、人間が利己的でも利他的でもあるとしたうえで、利己心が自らを抑制すると主張し、さらに、人間が共感によって他人や社会の利益に関心を持つようになると考えた。ヒュームの人間論は、利己心をめぐる論争を大きく進めることになった。

7 ハートリー

ヒュームは、人間が共感によって他人や社会の利益に関心を持つようになると考えた。それに少し遅れて、デイヴィッド・ハートリー（David Hartley, 1705-1757）は、ヒュームとは異なる仕方で、利己的な人間がいかにして利他的になるのか説明している。

快楽や苦痛は連合する

ハートリーは、『人間に関する所見』（*Observations on Man*, 1749）で、人間の心の動きを、感覚、観念、快楽や苦痛の「連合」（association）から説明している。様々な感覚、観念、快楽や苦痛は、それぞれのうちで、あるいは、それらの間で連合し、そこから、心の複雑な動きが生まれる。とくに、ハートリーは、快楽や苦痛を、（1）感覚、（2）想像、（3）野心、（4）利己心、（5）共感、（6）敬神、（7）道徳感覚、という七つの種類に分けている。この分類は、快楽や苦痛が、（1）外的な感覚に与えられる印象、（2）自然的ないし人工的な美や醜、（3）自分に関する他人の意見、（4）幸福の手段を有するか欠くこと、および、不幸の原因を免れるか受けること、

(5) 同胞の快楽や苦痛、(6) 神の観想によって引き起こされる情動、(7) 道徳的な美や醜、から生じるのに対応している。ハートリーは、これらの快楽や苦痛のうち、感覚に伴うものを、感覚的な快楽や苦痛と呼び、想像、野心、利己心、共感、敬神、道徳感覚に伴うものを、知的な快楽や苦痛と呼んでいる。

そして、ハートリーは、これらの快楽や苦痛は連合する、それゆえ、あらゆる知的な快楽や苦痛は、連合によって、感覚的な快楽や苦痛から導き出されると主張している。

われわれが、個々の知的な快楽や苦痛のそれぞれについて、それが、感覚的なものであれ、知的なものであれ、他の快楽や苦痛から生じるのを示すことができるならば、あらゆる知的な快楽や苦痛が、究極的には、感覚的な快楽や苦痛から導き出されることが、十分に証明されるだろう。なぜなら、そうであれば、いかなる知的な快楽や苦痛も本源的ではありえないからである。感覚的な快楽や苦痛が本源的であるのは明らかである。それゆえ、それらは、唯一のもの、すなわち、あらゆる知的な快楽や苦痛が究極的に引き出される、共通の源泉である。

ハートリーはこのように主張して、知的な快楽や苦痛について、それぞれが感覚的な快楽や苦痛に基づくことを明らかにしようとしている。

共感や道徳感覚は連合によって形成される

さらに、ハートリーは、共感や道徳感覚は、ハチスンやヒュームが考えるように、本能として備わっているのではなく、感覚に由来すると主張している。なぜなら、ハートリーの考えでは、知的な快楽や苦痛が感覚的な快楽や苦痛から導き出されることを示すことができれば、本能のような、他の原因を想定する必要はないからである。

では、共感はいかにして形成されるのか。ハートリーは、共感的な情動の一つである「同情」の形成について、次のように説明している。「同情とは、他人の苦難に対して感じる不安のことである」。それは、子どもの場合、以下のような連合に基づいている。他人の苦難を知ると、子どもの神経系統のうちに、苦難の状態が生じる。

このような状況は、子ども自身の内的な不安の感情の原因を、同じことだが、他人……の苦難の原因を取り除こうとする欲求や努力を生み出す。そして、この種の様々な内的な感情や欲求は、ある部分が他の部分と分離できないほど、互いに混合し、連合する。この場合に、その子どもは同情を持つと言われるのが適切だろう。

そして、そうした同情の源泉は、大人になっても、おおむね保持されるのである。

それでは、道徳感覚、すなわち、徳や悪徳について考察する能力はいかにして形成されるのか。ハートリーは次のように説明している。

子どもは、徳は愛《いと》しく、快く、称賛に値すると、悪徳は忌まわしく、不快で、処罰に値すると教え込まれる。そのため、これらの言葉にすでに付いている、快い連合が徳に、不快な連合が悪徳に伝えられる。また、徳には善い帰結が、悪徳には悪い帰結が伴う。これらの快楽や苦痛が繰り返され、伝えあうと、徳に対して快い観念や意識が、悪徳に対して罪の感覚や不安が生み出される。さらに、他人の徳から受ける利益や、他人の悪徳から受ける損害は、連合によって、その他人を愛したり憎んだりするように、さらには、徳を愛したり悪徳を憎んだりするように人々を導く。その結果、徳や悪徳が、自分の利害に関わりなく、抽象的に考察されるようになる。

このように、ハートリーは、徳や悪徳に関わって、様々な快楽や苦痛が連合することで、道徳感覚が形成されると論じている。

利己心にも様々なものがある

また、とくに利己心に関して、ハートリーは、利己心にも様々なものがあると考えている。ハートリーによれば、

利己心は三つの種類に区別されるだろう。第一は、粗野な利己心、すなわち、感覚、想像、野心の快楽を手に入れ、それらの苦痛を避けることのできる手段を冷静に追求することである。第二は、洗練された利己心、すなわち、共感、敬神、道徳感覚の快楽や苦痛に関わる手段を冷静に追求することである。そして、第三は、合理的な利己心、すなわち、特定の種類の幸福や、その手段や、手段の手段などに偏ることなく、人間の最大可能な幸福を追求することである。

このように、ハートリーは利己心を「粗野な利己心」「洗練された利己心」「合理的な利己心」の三つに分けている。このことも、ハートリーの議論の大きな特徴である。

そして、ハートリーは次のように主張している。「仁愛、敬虔《けいけん》、道徳感覚の戒律を厳格に顧慮することは、粗野な利己心にとっても好都合であり、洗練された利己心や合理的な利己心が確保

されうる唯一の方法である」。共感から仁愛をなし、神を敬《うやま》い、道徳感覚に従うことは、より優れた快楽が得られるから、粗野な利己心も満足させるし、洗練された利己心や合理的な利己心にとっては必要不可欠である。この主張は、利己的な人間がいかにして利他的になるかを説明するものである。ハートリーの考えでは、人間は、利己心から、より優れた快楽を求めて、利他的で道徳的になるのである。そして、それを可能にしているのが、快楽の連合である。

ただし、ハートリーは利己心を無条件に認めているわけではない。「利己心の快楽は第一に求められるべきではない」。「合理的な利己心でさえ、それが認められるのは、より誤った、われわれの真の幸福にとって破壊的である、他の追求を抑えるのに役立つ場合だけである」。それゆえ、ハートリーの人間論を利己主義と見なすことはできない。

ハートリーは、様々な快楽や苦痛が連合することで、利己的な人間が利他的で道徳的になると考えた。ハートリーの人間論は、ヒュームの人間論と並んで、利己心をめぐる論争を大きく進めることになった。

8　スミス

アダム・スミス（Adam Smith, 1723-1790）は、ヒュームと同じく、利己的な人間が共感を通じて利他的で社会的になると主張している。また、マンデヴィルと同じく、利己心が社会に利益をもたらすと主張している。だが、どちらの主張もスミス独自の議論に基づいている。

人間は共感を求めて自己愛を抑える

スミスは、『道徳感情論』（*The Theory of Moral Sentiments*, 1759; 6th, 1790）で、ヒュームと同じく、人間はまったく利己的であるわけではなく、いくらか利他的でもあると述べている。「人間は、自然によって、第一に、主として、自分を配慮するように任されている……。それゆえ、他のいかなる人に関わることよりも、何であれ自分に直接関わることに、はるかに深い関心を持つ」。しかし、「人間がどれほど利己的と考えられるとしても、明らかに、人間の本性には、他人の運に関心を持たせ、他人の幸福を自分にとって必要なものとする原理がある」。

そして、スミスは、ヒュームと異なり、人間は共感を求めて自己愛を抑えるようになると論じ

ている。人は、他人から共感されることに快楽を感じ、他人からの共感を欲する。だが、

人類は、生まれつき共感的ではあるが、同類に起こったことに対して、当事者を自然に駆り立てる程度の情念をけっして抱かない。……当事者はこのことに気づき、同時に、より完全な共感を熱心に欲する。彼は、観察者たちの情動と自分の情動との完全な一致だけが与えうる救済を望む。……だが、彼がこの獲得を望めるのは、自分の情念を観察者がついていける程度まで低めることによってのみである。

他人は自分が抱く程度の情念を抱かない。そこで、他人からの共感を得るために、「自己愛の高慢の鼻を折り、それを他人がついていけるものに引き下げなければならない」。こうして、共感への欲求から、人は自己愛を抑えるようになるのである。

人間は良心によって自己愛を抑える

だが、スミスの考えでは、共感への欲求は人間が自己愛を抑える端緒にすぎない。スミスは、人間はさらに「良心」によって自己愛を抑えるようになると論じている。

スミスによれば、人は、他人が自分の情念を是認したり否認したりするのを知ると、その是認に喜んだり、否認に悲しんだりする。そして、他人からの是認を欲し、否認を嫌い、自分が他人からどう見えているのかを知りたいと考える。そこで、自分が自らに対する公平な観察者であると想定し、その観察者からの共感によって、自分を是認したり否認したりする。この「想定された公平な観察者」（supposed impartial spectator）が良心であり、良心によってのみ、人は自分について正しく判断することができる。そして、

自己愛の最強の衝動にも対抗できるのは、人間愛という穏やかな力でもないし、自然が人間の心に灯《とも》した、仁愛という弱い火花でもない。そうした場合に働くのは、より強い力、より強制的な動機である。それは、理性、原理、良心、胸中の同居人、内なる人、われわれの行動に対する偉大な裁判官や裁決者である。

こうして、人間は、他人から是認されることを欲して、自らの内に良心を打ち立て、良心によって自己愛を抑えるようになるのである。

徳への道と財産への道は一致する

ただし、スミスは自己愛を否定しているわけではない。スミスの考えでは、観察者は、行為の動機に共感するときには、行為を適正なものとして是認する。それゆえ、その動機が自己愛であっても、それが観察者から共感されるものであれば、是認されるのである。スミス自身、「自己愛はしばしば有徳な動機でありうる」と述べており、また、自分の幸福をめざす「慎慮」を主要な徳の一つに挙げている。スミスの考えは利己心を道徳的に正当化するものである。

また、スミスは、「徳への道」と「財産への道」は一致すると主張している。

生活上の中流と下流の身分にあっては、徳への道と財産への道は……幸いにも、たいていの場合、ほとんど同じである。……そうした境遇にあっては、概して、かなりの程度の徳が期待できるのであり、社会の良き道徳にとって幸運にも、これが人類の大半の人の状況である。

スミスによれば、一般の人々の場合、真実で堅固な職業的能力が、賢明で、正しく、確固とした、節度のある行動と結びつけば、必ず成功する。また、人々は法を超えるほど偉大ではなく、法は正義を重んじるように人々を威圧する。さらに、人々の成功は他人の好意や好評にかかっており、それらは規則正しく行動しなければ得られない。正直は最良の策という格言は人々にとって真実である。スミスはこのように論じて、人間が経済活動を通じて道徳的になると主張している。この主張も利己心を道徳的に正当化するものである。

個人の利益と社会の利益は一致する

さらに、スミスは、『国富論』（*An Inquiry into the Nature and Causes of the Wealth of Nations*, 1776）で、私益と公益、すなわち、個人の利益と社会の利益は一致すると主張している。

スミスによれば、個人は自分の資本にとって最も有利な使い道を見つけようとする。彼が考えているのは、自分の利益であって、社会の利益ではない。だが、「自分の利益を追求することで、彼は自然に、あるいはむしろ必然的に、社会にとって最も有利な使い道を選ぶように導かれる」。

たしかに、彼はふつう、公共の利益を促進しようと意図していないし、それをどれだけ促進しているのかも知らない。国外よりも国内の産業を支持しようとすることで、彼は自分の安全だけを意図しているのであり、また、生産物が最大の価値を持つような仕方で、その産業を方向づけることで、彼は自分の利得だけを意図しているのであるが、この場合にも、他の多くの場合と同じく、彼は見えざる手（invisible hand）に導かれて、自分の意図にはなかった目的を促進するのである。

個人の目的は自分の利益であって、社会の利益ではない。だが、個人は、自分の利益を追求することで、意図しない結果として、社会の利益を促進するのである。

スミスの「見えざる手」の議論は、マンデヴィルの「私悪すなわち公益」の議論に似ている。両者はともに利己心を経済的に正当化するものである。だが、マンデヴィルは、利己心が社会に利益をもたらすためには、政治が必要であると考えていたが、スミスは、私益の追求は自然に公益をもたらすと考えている。また、マンデヴィルは自己愛をすべて悪徳と見なしていたが、スミスは自己愛が有徳でありうると述べている。これらの点で、スミスの議論はマンデヴィルの議論と大きく異なっている。

スミスは、人間が共感を求めて、さらに良心によって、自己愛を抑えるようになると主張し、また、私益の追求が自然に公益をもたらすと主張した。とくに、後者の主張は、利己心を正当化するものとして、後世に大きな影響を与えることになった。

9 リード

スミスがヒュームの共感論を継承し、独自の議論を展開したのに対して、バトラーの人間本性論を継承し、新たな人間論を展開したのは、トマス・リード（Thomas Reid, 1710-1796）である。リードは、バトラーよりもさらに進んで、利己心を重視している。

利害の感覚と義務の感覚は理性的原理である

リードは、『人間の能動的力能』（*Essays on the Active Powers of Man*, 1788）で、人間を行為に導く「行為の原理」を「機械的原理」「動物的原理」「理性的原理」に分けている。機械的原理は、本能や習慣のように、意志や意図、思考を伴わずに作用するものであり、動物的原理は、欲求、欲望、情動のように、意志と意図に基づいて作用するが、判断や理性を前提としないものであり、理性的原理は、意図や意志だけでなく、判断や理性も必要とするものである。リードは、理性的原理を「全体としての善への顧慮」と「義務への顧慮」に分け、前者を「利害の感覚」（sense of interest）と、後者を「義務の感覚」（sense of duty）と呼んでいる。

そして、リードは、利害の感覚と義務の感覚がともに理性的原理であることを強調している。行為の目的には、理性がなければ考えることができないものがいくらかある。それらが考えられるとすぐに、それらへの顧慮が行為の指導的で支配的な原理になる。

これらを私は理性的原理と呼ぼう。なぜなら、それらは理性を授けられた者においてのみ存在しうるのであり、これらの原理に基づいて行為するということは、理性に従って行為するということで意味されてきたものだからである。私の考える人間の行為の目的は二つある。すなわち、われわれにとって全体として善であるもの、そして、われわれの義務であるように見えるもの、である。両者は、きわめて密接につながっており、同じ行動に導き、互いに協力している。そして、そのために、一つの名称――理性という名称――の下で理解されてきた。

リードによれば、人間は、ある理性的力能により、全体としての善や悪という概念を持ち、何が善であり、何が悪であるかを知り、前者を求め、後者を避けるようになる。この力能が利害の感覚である。また、人間は、別の理性的力能により、正や不正の概念を持ち、何が正しく、何が不正であるかを知り、前者を行い、後者を控えるようになる。この力能が義務の感覚である。それは良心や道徳感覚とも呼ばれる。

利害の感覚は義務の感覚に似ている

さらに、リードは、利害の感覚が義務の感覚に似ていることを指摘している。全体としてのわれわれの善への顧慮という、この理性的原理は、人間の行動における正しいものと不正なものという概念を、少なくとも、賢いものと愚かなものという概念を与える。その原理は、情念や欲求がそれに正当に従っているときには、一種の自己是認を生み出し、それが情念や欲求に屈するときには、一種の呵責《かしゃく》や悔恨を生み出す。これらの点で、この原理は、道徳原理すなわち良心に似ており、良心と織り合わされている。それゆえ、両者はふつう、理性の名の下で理解されている。

そして、利害の感覚が義務の感覚に似ているために、多くの哲学者は義務の感覚を利害の感覚に帰している。

そこで、リードは、義務が利害と異なることを強調している。義務の概念は単純であり、「なすべきこと」といった同義の語句でしか定義できない。それでも、義務の概念を利益の概念に帰することはできない。自分の使う概念に注意を払う人はこのことに納得するだろうし、あらゆる人間の言語はこのことを示している。「これが私の利益です」と言うのと「それが私の義務です」と言うのでは、意味がまったく違う。同じ行為が私の義務でも利益でもありうるとはいえ、それらの概念は非常に異なっている。両者は行為の理性的な動機であるが、その本性はまったく別である。

そのうえで、リードは、利害の感覚とは別に、義務の感覚が存在すると主張している。人間には、義務の感覚という原理が存在していて、この原理は、それに従うときには価値の意識を、それに反するときには欠陥の感覚を与える。それは普遍的であり、それを表す言葉、それが命じる徳や禁じる悪徳の名前、その命令を示す「べき」や「べきでない」は、あらゆる言語の不可欠の部分をなしている。また、立派な性格に対する尊敬、危害に対する憤慨、恩恵に対する感謝、卑劣なものに対する憤りは、この原理が知らせる正や不正を前提にしており、社会における取引も、同じ前提のうえに進められる。

利害の感覚だけでは不十分である

また、リードは、利害の感覚の特性や役割についても論じている。利害の感覚は、動物的原理を支配することを通じて、思慮、節制、堅忍といった徳をもたらす。また、正義や人間愛など、あらゆる社会的な徳を実践するように人々を導く。人間の幸福や不幸は仲間の幸福や不幸とつながっており、自己の主要な善や喜びは仁愛を働かせることにある。このことに気づくと、人々は、利害の感覚から、正義や人間愛などを実践しようとする。それゆえ、「全体としてのわれわれの善への顧慮というこの原理は、十分に啓蒙された人にあっては、あらゆる徳の実践へと導く」。

だが、リードは、人間が有徳で幸福になるためには、利害の感覚だけでは不十分であると主張している。

全体としてのわれわれの善への顧慮は、人間における理性的原理であるけれども、われわれの行動の唯一の統制的な原理と考えられるならば、もう一つの理性的原理、すなわち、義務への顧慮と結合した場合に比べて、いっそう不確実な規則になり、人間の性格をほとんど完成させず、わずかな幸福しか与えないだろう。

利害の感覚だけでは、人々は、広い見方ができず、判断を改めることもできず、道を誤る。また、自分の善を追求することは、最高の愛と尊重に値するような徳を生み出すことができない。さらに、自分の善への関心は、喜びを与えるよりもむしろ、不安や懸念で心を満たす。

それに対して、義務の感覚は、より確実な規則を与え、人間を真に有徳にし、幸福にもする。義務を果たすことは、精神を高め、不安や懸念の代わりに喜びをもたらす。それゆえ、「幸福な人とは、自分の幸福が唯一の関心である人ではなく、自分の幸福への配慮を、自分を創った者に完全に委ね、自分の義務の道を熱心に進む人である」。リードはこのように論じて、義務の感覚が利害の感覚に対して優位に立つと主張している。

リードの人間論はバトラーの人間本性論に近い。だが、バトラーが自己愛を良心の下位に置いたのに対して、リードは、利害の感覚に対して、形式的には、義務の感覚と同等の地位を与えている。それゆえ、リードの人間論は利己心をさらに格上げするものである。

リードは、利害の感覚を理性的原理と捉え、それに義務の感覚と同等の地位を与えた。それにより、リードの人間論は、バトラーの人間本性論における「合理的な利己心」という考えを受け継ぎ、それを推し進めることになった。

10　ベンサム

続いて、ジェレミー・ベンサム（Jeremy Bentham, 1748-1832）は、快楽を人間の究極の目的とする快楽主義の立場から、人間について論じている。そして、最大多数の最大幸福をめざす功利主義の立場から、個人や社会の利益について論じている。

人間は快楽と苦痛に支配される

まず、ベンサムは、『道徳と立法の原理序説』（*An Introduction to the Principles of Morals and Legislation*, 1789）で、人間は「快楽」と「苦痛」に支配されていると主張している。

自然は人類を苦痛と快楽という二人の主権者の支配の下に置いてきた。われわれが何をすべきかを示し、また、われわれが何をするかを決めるのは、苦痛と快楽だけである。一方で、正と不正の基準が、他方で、原因と結果の連鎖が、その王座に結びつけられている。苦痛と快楽は、われわれの行うこと、言うこと、考えることのすべてにおいて、われわれを支配しているのであり、その従属から逃れるためにする努力はすべて、そのことを明らかにし、確かめるのに役立つにすぎない。

人間はつねに快楽と苦痛に従っており、あらゆる人間は快楽を求め、苦痛を避ける。このベンサムの人間観は、のちに、人間を不当に低く扱うものと見なされた。だが、ベンサムにとって、幸福とは快楽のことであり、不幸とは苦痛のことである。それゆえ、ベンサムの人間観はけっして奇異なものではない。また、ベンサムは人間を対等で合理的な存在と考えている。快楽を求め、苦痛を避ける限りで、人間はみな同じであり、あらゆる人間は考えながら快楽を求め、苦痛を避けるのである。

また、ベンサムの人間観は、しばしば、利己的なものと見なされてきた。だが、理論的には、あらゆる快楽は自己の快楽であるとはいえ、ある快楽の対象が他人や社会の幸福であるならば、その快楽は、単に利己的であるのではなく、同時に利他的でもある。それゆえ、ベンサムの人間観は必ずしも利己的なものではない。事実、ベンサムは利他的な快楽の存在を認めている。さらに、ベンサムは社会的な動機と利己的な動機を明確に区別しており、この点でも、ベンサムの人間観は利己的なものとは言えない。

ただ、ベンサムは、現実の人間を利己的な存在と捉えている。たとえば、『行為の動機の表』

(*A Table of the Springs of Action*, 1815/17)では、「各人の行動の現実的で究極的な唯一の目的」を「自分自身の最大限の幸福」と規定している。それゆえ、人間は生まれつき利己的ではなく、利他的でもあるが、現実には、おおよそ利己的である、というのが、ベンサムの真意と考えられる。

社会の利益は個人の利益の総和である

次に、ベンサムは、個人や社会の利益について、社会の利益は個人の利益の総和であると主張している。

共同体の利益は、道徳に関する言い回しのうちに見出すことのできる、最も一般的な表現の一つであり、その意味がしばしば見失われるのも不思議ではない。それが意味を持つのは、次の場合である。共同体とは、いわばその一員をなすと考えられる個人で構成される、虚構の団体である。では、共同体の利益とは何か。それは、共同体を構成する個々の成員の利益の総和である。

社会は個人からなる虚構の団体にすぎない。それゆえ、社会の利益はそれに属する個人の利益の総和にほかならない。

そこで、ベンサムによれば、個人の利益が何であるかを理解せずに、社会の利益について語ることはできない。そして、「ある事柄がある個人の利益を促進する、あるいは、そのためになると言われるのは、その事柄がその個人の快楽を増加させる傾向を持つ場合、もしくは、同じことになるが、その個人の苦痛を減少させる傾向を持つ場合である」。つまり、個人の利益とは個人の快楽のことである。また、ベンサムは、「利益」と「幸福」をおおむね同じものと捉えている。

以上の議論から明らかなように、ベンサムの考えでは、現実に存在しているのは個人であって、社会は個人が集合したものにすぎず、個人とは別の、個人を超えた社会は存在しない。このベンサムの社会観は、しばしば、彼の功利主義と矛盾すると見なされてきた。なぜなら、功利主義は、個人の幸福ではなく、最大多数の最大幸福、すなわち、社会の幸福をめざすからである。だが、ベンサムにとって、社会の幸福は、それを構成する個人の幸福の総和であり、個人の幸福とは別の、それを超えた幸福ではない。功利主義が社会の幸福をめざすとき、念頭に置かれているのは、あくまで個人の幸福である。

社会の幸福は統治の技術によって実現される

そして、ベンサムは、社会の幸福は「統治の技術」（art of government）によって実現されると主張している。統治の技術は「倫理」の一部門である。倫理は「自己統治の技術」と「統治の技術」に分けられ、さらに、統治の技術は「立法」や「行政」などに区別される。

倫理一般は、利害が考慮される関係者にとって最大可能な量の幸福を生み出すように、人々の行為を導く技術、と定義されるだろう。それでは、ある人が導くことのできる行為はどのようなものか。それは、自分自身の行為か、他の行為者の行為であるに違いない。倫理は、自分自身の行為を導く技術である限り、自己統治の技術、あるいは、私的倫理と呼ばれるだろう。……他の人間については、上記の目的に彼らの行為を導く技術は、統治の技術というものであるか、あるいは少なくとも、功利の原理に基づいた、統治の技術と言うべき唯一のものである。

そして、統治の技術は、その施策が永続的な場合には、立法と名づけられ、一時的な場合には、行政と名づけられる。このように、ベンサムが唱える統治の技術とは、功利の原理に基づいて、社会の幸福を生み出すように、他人の行為を導く技術のことである。

　では、統治の技術はいかにして人々の行為を導き、社会の幸福を実現するのか。ベンサムによれば、立法者は、社会の幸福を目的として、法律を制定する。個人は、立法者が制定した法に従い、社会の幸福を基準として、自分の行為を規制しなければならない。だが、個人を行為に駆り立てるのは、快楽や苦痛である。そこで、政府は、報奨や処罰によって、個人に快楽や苦痛を与え、個人が社会の幸福に合致して行為するように導く。こうして、立法や行政がそれぞれの役割を果たすことで、社会の幸福が実現されるのである。

　個人の幸福と社会の幸福に関して、マンデヴィルは利己心が政治の巧みな管理によって社会に利益をもたらすと主張し、スミスは私益の追求が自然に公益をもたらすと主張した。統治の技術が社会の幸福を実現するというベンサムの主張は、スミスの主張を退け、マンデヴィルの主張を推し進めるものである。


　ベンサムは、社会の幸福は、個人の幸福の総和であり、統治の技術によって実現されると主張した。だが、その前提である、人間は快楽と苦痛に支配されるという人間観は、利己的なものと見なされ、多くの批判を受けることになった。

11　ミル

人間は快楽と苦痛に支配されるというベンサムの人間観は、のちに、利己的なものと見なされた。それを受けて、弟子のジョン・スチュアート・ミル（John Stuart Mill, 1806-1873）は、ベンサムの人間観を受け継ぎつつも、人間は社会的になりうると主張し、その過程や方策について論じている。

人間は生まれつき利己的なのではない

まず、ミルは、人間は生まれつき利己的なのではないと主張している。たとえば、『自伝』（*Autobiography*, 1873）では、次のように論じている。公共的で社会的な目的のために共同する能力は、人間のうちにつねに存在していたのであり、消滅してもいないし、消滅することもない。「現在、一般の人々のうちで、共通善に対する関心がとても弱い動機でしかないのは、そうでしかありえないからではなく、人々が、自分の利益だけに役立つことを朝から晩まで考えるほどには、共通善を考えるのに慣れていないからである」。そして、現在の社会の一般的な性格である利己心が根深いのは、ただ、現在の諸制度がそれを助長しているからである。

また、『功利主義』（*Utilitarianism*, 1863）では、ミルは以下のように述べている。

いかなる人間も、自分自身のつまらない私益に向かう感情や配慮しか持たない、自分本位の利己主義者であるという本質的な必然性は、ほとんどない。これよりもはるかに優れたものが今日でもごく普通にあって、人間という種がどのように作られているかについて、十分な証拠を与えている。純粋な私的情愛や、公共善への真摯な関心は、正しく育てられた人間であれば誰にとっても、程度は異なるとはいえ、可能である。

ミルはこのように述べて、人間がその本性において利己的であるわけではなく、社会的にもなりうると主張している。

そして、ミルは、「公共精神」が人間にとって必要であることを強調している。たとえば、『代議制統治論』（*Considerations on Representative Government*, 1861）では、ミルは次のように論じている。人々は、共同の仕事をしながら、自分の利益ではない利益について考え、共同の利益をめざす原理に従って判断するように求められる。だが、このような公共精神の学校がない場合は、個人のうちに、法を守り、政府に従うことのほかに、社会に対して義務を持つという感覚は育たないだろう。「人は、共同の利益や、他人とともに追求すべきものはけっして考えず、他人と競争し、他人をいくらか犠牲にして追求すべきものだけを考えるだろう」。そして、隣人は同志でも仲間でもなく、競争相手でしかない。

人間は同胞との一体感によって社会的になる

次に、ミルは、人間が社会的になる過程について論じている。たとえば、『功利主義』では、以下のように述べている。

人はこう考える。私は、盗みや人殺し、裏切りや詐欺をしてはならないと感じている。だが、なぜ全体の幸福を促進しなければならないのか。自分の幸福がほかにあるのに、なぜそちらを選んではいけないのか。……こうした異議は、……教育の改善によって、同胞との一体感が……われわれの性格に深く根ざし、われわれの本性のまさに一部として意識されるようになるまでは、つねに生じるだろう。

ミルの考えでは、「同胞との一体感」（feeling of unity with our fellow creatures）が自分の性格や本性になるまでは、人間は利己的なままである。裏を返せば、同胞との一体感が自分の性格や本性になることで、人間は社会的になるのである。

では、同胞との一体感はいかにして生まれるのか。ミルによれば、社会は人間にとって自然で必要で習慣的であるから、人々は、自分を社会の一員としか考えられない。そのため、対等な関係で交際しなければならず、他人の利益を無視することができない。また、人々は、他人と協力し、社会の利益を目的とすることもある。「人々が協力している限り、少なくとも一時的には、他人の利益は自分の利益であるという感情が存する」。そして、人々は、自分の感情を他人の善に一致させるか、他人の善を実際に考慮するようになり、自分を、他人に配慮するのが当然である存在と感じるようになる。こうして、人々のうちに、同胞との一体感が生まれる。

ミルの考えでは、「同胞と一体になりたいという欲求」は、人間の社会的な感情の基盤であり、人間本性の強力な原理である。多くの人は、自分が社会的な存在であると考えており、自分の感情や目的と同胞の感情や目的が調和することを自然な欲求の一つとして感じている。たしかに、「この感情は、ほとんどの人にあっては、利己的な感情よりもはるかに力が弱く、まったく欠けていることもしばしばある。しかし、この感情を持つ人々にとっては、それは自然的な感情のあらゆる性質を有している」。

法や教育が人間を社会的にする

さらに、ミルは、人間を社会的にする方策についても論じている。

ミルによれば、イエスの黄金律のうちに、功利の倫理の精神が見出される。おのれの欲するところを人になすこと、隣人をおのれのように愛することは、功利主義の道徳の理想である。この理想に近づくために、功利は次のことを命じる。すなわち、

第一に、法や社会的な取り決めが、各人の幸福や……利益を、全体の利益とできるだけ調和するように配すること、そして、第二に、人間の性格に対して非常に大きな力を持つ、教育や世論が、各人の心のうちに自分の幸福と全体の善の堅固な連合……を確立するために、その力を用いること、である。

そして、これらの方策によって、各人は、全体の善に反する行為によって自分の幸福を得ようとは考えられなくなり、さらに、各人のうちで、全体の善を促進しようとする衝動が習慣的な動機になり、それと結びついた感情が大きな位置を占めることになる。ミルはこのように述べて、法や教育が人間を社会的にすると主張している。

ミルが唱える方策のうち、第一のものはベンサムの「統治の技術」を、第二のものはハートリーの「連合」を、それぞれ受け継いでいる。ただ、第二の方策について、ミルは連合の限界も自覚している。ミルの考えでは、連合は、まったく人工的な場合には、知性が発達すると、分析によって分解する恐れがある。たとえば、義務の感情が功利と連合するとしても、その感情が恣意的に見えるならば、言い換えれば、この連合の基礎となる強力な自然の感情がなければ、その連合は分解してしまう。とはいえ、そうした強力な自然の感情は存在する。それが「同胞と一体になりたいという欲求」である。

また、第二の方策については、社会の幸福の名の下に、個人の幸福が犠牲にされる、という問題も生じる。ミルはこの問題も自覚しており、『自由論』（*On Liberty*, 1859）では、民主主義の社会で多数者が少数者を抑圧するという事態を想定して、個人の自由を擁護し、さらに、個性の自由な発展が社会の利益につながると主張している。

ミルは、人間が同胞との一体感によって社会的になり、法や教育が人間を社会的にすると主張した。ミルの人間論は、人間が社会的になる過程だけでなく、人間を社会的にする方策も論じたことで、利己心をめぐる代表的な議論の一つとなった。

12 シジウィック

ヘンリー・シジウィック（Henry Sidgwick, 1838-1900）は、ベンサムやミルと同じく、功利主義の立場に立ちつつも、二人とは異なり、人間の本性について考察するのを避けている。そして、自己愛や仁愛を道徳の原理と捉え、両者の関係について論じている。

自己愛の原理と仁愛の原理は異なる

シジウィックは、『倫理学の方法』（*The Methods of Ethics*, 1874; 6th, 1901）で、「哲学的直観主義」という方法によって、「正義（公平）」「合理的自己愛（慎慮）」「合理的仁愛」という三つの原理を導いている。そして、三つの原理のうち、合理的自己愛の原理と合理的仁愛の原理について、以下のように説明している。

合理的自己愛の原理――人は自分の善をめざすべきであるという命題は、合理的自己愛の原理として示されることがあるが、同語反復を避けられない。だが、「自分の全体としての善」と言い換えると、同語反復ではない原理が示される。それは、将来のより大きな善よりも現在のより小さな善を選んではならない、というものである。

合理的仁愛の原理——いかなる個人の善も、宇宙という観点からすれば、他人の善よりも重要であるということはない。それゆえ、個人は、合理的な存在として、善を一般的にめざすべきであり、単にその特定の部分をめざすべきではない。そして、他人の善を自分の善と同等に顧慮しなければならない。

そして、シジウィックによれば、自己の幸福を究極の目的とする「利己主義」は、合理的自己愛の原理に、万人の幸福を究極の目的とする「功利主義」は、合理的仁愛の原理に、それぞれ基づいている。そのうえで、シジウィックは、合理的自己愛の原理と合理的仁愛の原理、あるいは、利己主義と功利主義が異なることを強調している。

（1）各人は自分の幸福を求めるべきであるという命題と、（2）各人は万人の幸福を求めるべきであるという命題との相違は、きわめて明白である。……われわれは、あらゆる人が現実に自分の幸福を求めているという事実から、直接的で明白な推論として、あらゆる人が他の人々の幸福を求めるべきであると結論することはできない。

シジウィックによれば、人々は、各人は自分の幸福を求めているという命題から、各人は自分の幸福を求めるべきであるという命題に、さらにそこから、各人は万人の幸福を求めるべきであるという命題に、自然に移行してしまう。そのために、合理的自己愛の原理と合理的仁愛の原理は、明らかに異なるにもかかわらず、しばしば混同されるのである。

自己愛の原理と仁愛の原理は対立する

さらに、シジウィックは、合理的自己愛の原理と合理的仁愛の原理が異なるだけでなく、両者が対立することもあると主張している。

合理的自己愛の原理は、個人の内で現在の善と将来の善を等しく扱うことを命じるものであり、それに対して、合理的仁愛の原理は、個人の間で自分の善と他人の善を等しく扱うことを命じるものである。それゆえ、両者は論理的には矛盾しない。しかし、現実には、両者は対立することもある。シジウィックはそのことを自覚しており、次のように語っている。

宇宙という観点からすれば、小さな善よりも大きな善を選ぶのが、たとえその小さな善が行為者の私的な幸福であるとしても、合理的であることは、疑いの余地がなかった。それでも、私には、個人が自分の幸福を選ぶことも、疑いなく合理的であるように思えた。自己配慮

（self-regard）が合理的であるのは、自己犠牲（self-sacrifice）が合理的であるのと同じく、否定できないように思えた。

合理的仁愛の原理が自分の幸福よりも万人の幸福を選ぶことを、すなわち、自己を犠牲にすることを命じ、それに対して、合理的自己愛の原理が自分の幸福を選ぶことを、すなわち、自己に配慮することを命じることもある。このような場合、自己犠牲も自己配慮も合理的であり、どちらの原理に従うべきか、行為者には判断がつかない。

シジウィックは、合理的自己愛の原理と合理的仁愛の原理、あるいは、利己主義と功利主義が時として対立することを「実践理性の二元性」（dualism of the practical reason）と名づけ、両者の関係を「倫理学の最も深刻な問題」と考えている。

自己と他者は根本的に違う

そして、シジウィックは、合理的自己愛の原理と合理的仁愛の原理、あるいは、利己主義と功利主義の対立という問題について、以下のように論じている。

功利主義を受け入れるには、自分の幸福が万人の幸福の一部であることを認める必要があるが、利己主義者はそれを認めず、功利主義を退けるだろう。利己主義者に万人の幸福を求めさせる唯一の道は、そうすることで自分の最大の幸福が得られるのを示すことである。また、合理的仁愛の原理を認める人も、他人の幸福のために自分の幸福を犠牲にすることが不合理であり、それゆえ、合理的自己愛の原理と合理的仁愛の原理の調和が証明されるべきであると考えるだろう。

では、合理的自己愛の原理と合理的仁愛の原理は調和するのか。たとえば、他人に対する義務を履行したり、社会的な徳を実践したりすることは、長い目で見れば、自分の最大の幸福を得ることと一致するように見える。しかし、この一致が完全であると証明することはできない。また、万人の幸福は、共感を介して、各人の幸福と一致するように見える。しかし、両者が完全に一致することはない。とくに、万人の幸福が各人の生命の犠牲や危険を求める場合はそうである。さらに、身近な人々に対するのと同じ程度の共感を万人に対して持つ人は、ほとんどいない。

シジウィックは、以上のように論じて、合理的自己愛の原理と合理的仁愛の原理、あるいは、利己主義と功利主義の対立を未解決の問題として残している。

そして、この議論の中で、シジウィックは、利己主義者が功利主義を退ける理由を次のように説明している。

ある個人と別の個人の区別が実在的で根本的であること、それゆえ、「私」が、他の個人の生存の質には関心がないという基本的に重要な意味で、個人としての自分の生存の質に関心があること、そのことを否定するのは常識に反するだろう。そうだとすれば、個人が合理的な行為の究極の目的を決めるときに、この区別を根本的なものと見なすべきでないということをいかに証明できるのか、私には分からない。

自己と他者は根本的に違うのであり、人間は他者よりも自己に特別な関心を持っている。これは利己主義者の主張であるが、シジウィックが自己配慮を重視したことからすれば、彼自身の見解とも読める。そして、シジウィックが合理的自己愛の原理と合理的仁愛の原理の対立を真剣に受け止め、それを未解決の問題として残したのも、自己と他者が根本的に違うと彼自身が考えていたためと思われる。

シジウィックは、合理的自己愛の原理と合理的仁愛の原理の関係について論じ、両者が時として対立し、完全には一致しないと主張した。このシジウィックの議論によって、利己心をめぐる論争はいわば振り出しに戻ることになった。

13　ブラッドリー

シジウィックは自己愛の原理と仁愛の原理が対立すると主張したが、フランシス・ハーバート・ブラッドリー（Francis Herbert Bradley, 1846-1924）は、シジウィックと同じ時期に、独自の議論に基づいて、人間が社会的な存在であると改めて主張している。

自己実現が目的である

ブラッドリーは、『倫理学研究』（*Ethical Studies*, 1876）で、「自己実現（self-realization）が目的である」と主張している。

ブラッドリーによれば、すべての対象や目的は、自分の満足と結びつけられてきた。あるいは、自分のうちで、自分として感じられてきた。つまり、われわれは、それらのうちで自分を感じてきたのである。そして、それらがわれわれを動かすのは、ただ、それらが動機として心に現れるとき、われわれが、それらのうちに自分が主張され、肯定されるのを感じるからである。自分と関係づけられるものを除いて、何も欲求されることはないし、そのうちで自分をめざすのでない

限り、われわれは何もめざすことができない。それゆえ、

われわれが実際に行っているのは、完全であれ、不完全であれ、自分を実現することであり、われわれはけっしてそれ以外のことをなしえず、われわれが実現できるのはすべて、（偶然は別として）自分の目的や自分が欲求する対象であり、われわれが欲求できるのはすべて、一言で言えば、自己である。

また、実現される自己は「全体としての自己」である。「われわれが実現しようとする自己は、われわれにとって一つの全体であって、諸状態の単なる集合ではない」。人々の人生を調べ、その人の様々な目的を考えてみると、それらの目的は、一つの主要な目的や、諸目的の全体のうちに含められるだろう。人々は、そのようなものとして、完全な幸福や理想の生活を考えているが、それは「ばらばらなものでも、きれぎれのものでもなく、一つの統一として心に浮かんでいる。そして、より詳しく思い描いてみると、個々の部分が一つの全体の役に立っている、一つの体系である」。

そして、自己実現を目的とする立場から、ブラッドリーは快楽主義を批判している。快楽主義にとって「快楽のための快楽が目的であって、他のいかなるものも、快楽の手段でない限り、目

的ではない。このことは……通常の道徳的な信念とまったく両立しない」。また、快楽は感情であり、内容を持たず、生まれては消え、始まりも終わりもなく、足し合わせることができない。さらに、個人の快楽は人生の規則を与えないし、万人の快楽も幻想であって、実践的な指針を与えない。それゆえ、快楽のような不明確で主観的なものや、快楽の最大量のような抽象的で実現できないものを目的とすべきではない。「目的や基準は自己実現であって、自己が実現されたという感情ではない」。

実現される自己は社会的自己である

では、「全体としての自己」はいかにして実現されるのか。ブラッドリーによれば、この全体は「無限の全体」である。無限であるとは、他のものによって制約されないことであり、無限の全体としての自己を実現するとは、他のものを自己のうちに含めていくことで、それらに制約されず、真の自己であり続けることである。では、「全体である」ために、いかにして自分を拡張するのか。その答えは、全体の成員になる、ということである」。自己は、共同体の断片ではなく、その成員であり、その中で役割を担う。そうすることで、真の自己であり続ける、すなわち、自己を実現することができる。

それでは、実現される自己とは、具体的にはどのようなものか。まず、ブラッドリーは、個人主義を批判しながら、自己のあり方について論じている。個人主義によれば、共同体は個人からなっており、実在するのは個人であって、共同体は個人の総和にすぎない。しかし、自己は「他者の存在によって浸透され、影響され、特徴づけられるのであり、その内容は、共同体のあらゆる性質の関係を含んでいる」。それゆえ、共同体から分離した「個人」は一つの抽象であり、実在的なものでも、実現されうるものでもない。「私が私自身であるのは、他者と共有することによって、他者との関係や社会的な状況の関係を自分の本質のうちに含めることによってである」。

そのうえで、ブラッドリーは、人間が社会的な存在であると主張している。「ある人が何であるかを知るには……その人を孤立して捉えてはならない。その人は、人々のうちの一人であり、ある家族で生まれ、ある社会で、ある国家で生きている」。その人が何をなすべきかは、その人の立場や役目が何であるのかによって決まるのであり、そのすべてが共同体におけるその人の位置に基づいている。

そして、結論として、ブラッドリーは次のように述べている。

> 人間は社会的な存在である。人間が実在的であるのは、ただ、社会的であるからであり、人間が自己を実現できるのは、ただ、社会的なものとして自己を実現するからである。そして、

単なる個人は理論上の誤った考えであり、それを実際に実現する試みは、人間の本性を弱らせ、損なうことであり、まったくの不毛に終わるか、怪物を生み出す。

ブラッドリーはこのように述べて、人間は社会的なものとして自己を実現する、言い換えれば、実現される自己は「社会的自己」(social self) であると主張している。

自己犠牲は自己実現の一つである

さらに、ブラッドリーは、自己犠牲の問題についても論じ、自己犠牲が自己実現の一つであると主張している。

ブラッドリーによれば、自己犠牲が意味しているのは、次のような対象、すなわち、それを実現しようとするときに、自分の私的な存在を否定することを伴うような対象と、自分の意志を同一化することである。

自己犠牲とは、この存在の一部もしくは全部を、より高次のものに意識して譲り渡すことである。……それは、われわれの意志を譲り渡すことではない……。われわれ個人の減少や完全な抑制を意味する対象を実現することは、われわれ個人の意志なのである。……自己犠牲は、われわれの意志を理想的なものと同一化することである。それは、自己実現であり、それゆえに、われわれ自身の喜びである。

人間は、自分の意志で自分の私的な存在をより高次のものや理想的なものに譲り渡し、それによって自己を実現する。これが自己犠牲にほかならない。

ブラッドリーの言う「より高次なもの」や「理想的なもの」とは、家族、社会、国家といった共同体のことである。ブラッドリーは、自己犠牲が自分の意志を共同体と同一化させることであり、自己実現の一つであると主張することで、自己犠牲の問題を疑似問題と見なそうとしている。

ブラッドリーは、自己実現が人間の究極の目的であり、実現される自己が社会的自己であると主張した。それによって、利己心をめぐる論争において、利他的で社会的な人間観を新たな仕方で提示することになった。

14　スペンサー

シジウィックが人間の本性について考察するのを避けたのとは対照的に、ハーバート・スペンサー（Herbert Spencer, 1820-1903）は、シジウィックと同じ時期に、人間の本性について詳細な考察を行っている。そして、その考察は、従来のものと異なり、彼の「進化論」に基づいている。

利己性は利他性に先行する

スペンサーは、『倫理学のデータ』（*The Data of Ethics*, 1879）で、人間の「利己性」（egoism）と「利他性」（altruism）の関係について考察している。

まず、スペンサーは、利己性が利他性に先行すると主張している。「生物は行為しうる前に生きなければならない」。それゆえ、

……各自が自分の生命を維持する行為は、一般的に言えば、必要性という点で、各自がなしうる他のすべての行為に先行する。……自己保存の継続に必要とされる行為は、そうした行

為によって得られる利益の享受も含めて、普遍的な幸福にとって第一に必要なものである。各自が自分の世話を十分にしなければ、他のすべてのものの世話も死をもって終わる。そして、各自がそのように死ぬならば、世話をされるべき他のものも生き残らない。

利他的に行為するには、その前に、利己的に行為する、すなわち、自己を保存する必要がある。このような利他性に対する利己性の先行について、スペンサーは次のように述べている。各々の個体が獲得するのは、自分の能力によってもたらされる利益である。言い換えれば、利己性が行動の究極的な原理なのである。それゆえ、利己的な要求が利他的な要求に先行しなければならない。

そして、スペンサーは、利己性を軽視したり抑制したりすることに反対している。健康や病気、強さや弱さ、能力や無能力、精神的な優劣といった、個体の性質が子孫に受け継がれるとすれば、子孫のために自己を十分に顧慮する必要がある。また、自己を十分に顧慮する人は、利他的な行為によって周りの人たちの幸福を増やす能力も保持する。さらに、利己性を利他性に過度に従属させると、利他性に依存する「無節操な利己性」が生まれたり、利他的な人々が身体を損ない、その数が減るために、利己的な人々の支配が強まったりする。つまり、過度な利他性は利己性を増大させる。スペンサーはこのように論じて、「適度な利己性」や「合理的な利己性」を唱えている。

利他性は利己性に劣らず本質的である

次に、スペンサーは、利己性が利他性に先行するとはいえ、利他性が利己性に劣らず本質的であると主張している。

利他的な行為とは、通例、自己を利する代わりに他者を利するすべての行為であると定義するならば、生命の始まりから、利他性は利己性に劣らず本質的であった。一次的には、利他性は利己性に依存しているとはいえ、二次的には、利己性が利他性に依存しているのである。

スペンサーは、家族における親の利他的な行為について説明している。親の行動に見られるように、「自己犠牲は、自己保存に劣らず原始的である」。それは、始めから、生命の持続に必要であり、意識されない仕方で、類の保存にとって不可欠なものとして広がり、しだいに意識される仕方で発達してきた。このように、「利他性は、利己性と同時に進化してきた」のであり、利己性に劣らず必要である。

また、スペンサーは、社会における利他的な行為について説明している。社会では、「個人の幸福は、他人の幸福を十分に顧慮することにかかっている」。各人の利己的な満足は、自らが正義をなし、他人が正義をなすように配慮し、正義の執行機関を維持し改善するといった、利他的な行為にかかっている。また、他人が向上することも、各人の利害に関わっている。他人が不完全だと、損害を受けることになるからである。

さらに、スペンサーによれば、利他的な行為は利己的な喜びを与える。この喜びは、行為の動機が真に利他的である場合にのみ、完全に得られる。そこで、人々は惜しみない仁愛へと促される。さらに、利他的な行為をなす場合、共感によって他人の快楽を受け取ることで、利己的な快楽は増加する。そこで、人々は利他的に行為するようになる。

そして、スペンサーは、家族や社会における利他性の発展について、次のようにまとめている。「生命の始まりから、利他性が利己性に依存してきたように、利己性は利他性に依存してきた。そして、進化の過程において、両者の相互の助力は増大してきたのである」。つまり、利己性と利他性は相補的な関係にある。

利己性と利他性は調和する

そこで、スペンサーの考えでは、「純粋な利己性と純粋な利他性はともに不合理である」。自分のために生きるという格率も、他人のために生きるという格率も誤りである。それゆえ、利己性と利他性の「妥協が唯一の可能性である」。「全体の幸福は、おもに、個人が自分の幸福を適切に追求することを通じて達成されうるのであり、逆に、個人の幸福は、いくらかは、個人が全体の幸福を追求することによって達成されうるのである」。

さらに、スペンサーは、利己性と利他性は最終的に調和すると主張している。そして、そのことを「共感」の発達から説明している。

スペンサーの考えでは、共感が発達すると、苦痛が減少し、快楽が増加する。そして、苦痛が減少し、快楽が増加すると、共感がさらに発達する。具体的には、共感に基づく利他的な関心が人々の間で広がるにつれて、共同や、それがもたらす利益が増える。そして、共同や利益が増えると、人々は共感に基づく利他的な快楽をおのずと求めるようになる。さらに、ある人が利他的な快楽を求めて自分の利己的な要求を放棄しようとする場合には、他の人々は、共感を働かせて、その人の利己的な要求をその人のために主張しようとするのである。

そして、結論として、スペンサーは次のように述べている。

……利己性と利他性の永続的に見える対立はなくなる。……個人は自分に関わる衝動と他人に関わる衝動の間で迷う必要はなく、むしろ、自己犠牲を伴う、他人に関わる衝動の満足は、稀有で高く評価されるようになり、躊躇なく選ばれるので、自分に関わる衝動との競合はほとんど感じられない。……各人は、もはや自分の利己的な要求を主張することを必要とせず、機会があれば、むしろそれを放棄しようとするが、同じような本性の他の人々は、彼がそうするのをほとんど認めない。そして、彼の生命の完成に必要な個人的な欲求の充足は、このようにして確保される。

人は他人の幸福を求めて進んで行為するようになり、他人はその人が自分を放棄するのを防ぎ、その人の幸福を守るようになる。このような仕方で、利己性と利他性は最終的に調和する。

スペンサーは、人間の利他性が利己性と同じく本質的であり、両者が最終的に調和すると主張した。それによって、利己心をめぐる論争において、ブラッドリーとともに、利他的で社会的な人間観を新たな仕方で提示することになった。

おわりに

ここまで、利己心をめぐる近代イギリスのモラリストたちの論争について、主要なモラリストたちの議論を紹介してきた。最後に、その中で明らかになった、論争の内容と特徴をまとめ、その後の状況、論争の意義や問題、今後の課題についても述べてみたい。

論争の内容から見ていこう。ホッブズは、人間が自己の保存を目的とし、必ず自分の善を意志し、自分の善のために他人の善を欲するとして、利己的な人間観を唱えた。それに対して、シャフツベリは、人間には生まれつき自然的情愛があるとして、利他的で社会的な人間観を唱えた。ここから、利己心をめぐる論争が本格的に始まった。まず、マンデヴィルは、人間を利己的な存在と捉えたうえで、人間が利己的であるがゆえに社会的になり、利己心が社会に利益をもたらし、政治の巧みな管理が人間を従順で有用にすると主張した。それに対して、ハチスンは、人間が道徳感覚を持ち、道徳感覚が仁愛を是認することを明らかにすることで、人間が利他的な存在であることを示そうとした。さらに、バトラーは、利己的な人間観を批判しつつも、自己愛を重視し、欲求・情念・情愛に対する自己愛の優位、自己愛と仁愛の一致、良心と自己愛の一致を唱えた。次に、ヒュームは、人間が利己的でも利他的でもあるとしたうえで、利己心が自らを抑制し、さらに、人間が共感によって他人や社会の利益に関心を持つようになると考えた。また、ハートリーは、利己的な人間が快楽の連合によって利他的で道徳的になると考えた。ヒュームとハートリーの議論は、利己的な人間が利他的で社会的になる過程を説明するものとして、利己心をめぐる論争を大きく進めた。そして、スミスは、ヒュームやマンデヴィルの考えを継承しつつ、人間が共感を求めて、あるいは良心によって、自己愛を抑えるようになり、さらに、私益の追求が自然に公益をもたらすと主張した。また、リードは、バトラーの考えを継承しつつ、利害の感覚を理性的原理と捉え、それに義務の感覚と同等の地位を与えた。

続いて、ベンサムは、社会の幸福が個人の幸福の総和であり、統治の技術によって実現されると論じた。だが、人間が快楽と苦痛に支配されるというベンサムの人間観は、利己的なものと見なされた。そこで、ミルは、人間が同胞との一体感によって社会的になり、法や教育が人間を社会的にすると論じた。さらに、シジウィックは、合理的自己愛の原理と合理的仁愛の原理の関係について考察し、両者が時として対立し、完全には一致しないことを明らかにして、利己心をめぐる論争を振り出しに戻した。それに対して、ブラッドリーは、自己実現が人間の究極の目的であり、実現される自己が社会的自己であるとして、また、スペンサーは、人間の利他性が利己性と同じく本質的であり、両者が最終的に調和するとして、それぞれ新たな仕方で利他的で社会的な人間観を唱えた。

次に、論争の特徴について見ていこう。「はじめに」で述べておいたように、論争の大きな特徴として、次の三つがあった。すなわち、第一に、モラリストたちが利己心をおおむねそれを肯定していること、第二に、彼らが様々な仕方で利己心を正当化していること、第三に、彼らが利己心に一定の制約を課していること、である。

第一の特徴について言えば、ホッブズやマンデヴィルが利己心を肯定するのは当然であるが、彼らに反対したモラリストたちも、利己心をけっして否定しているわけではない。シャフツベリやハチスンは利己心を条件付きで認めているし、ヒュームやスミスは利己心を議論の出発点に据え、ハートリーは利己心を人間本性の重要な構成要素としている。また、バトラーやリードは、利己心を強く肯定するのではないにせよ、それに一定の地位や役割を与えている。さらに、ベンサム、ミル、シジウィック、スペンサーも、利己心を人間の本性や道徳の原理として認めており、ブラッドリーも、利己心に対して否定的であるとはいえ、それを完全に否定しているわけではない。

第二の特徴について言えば、この論争では、利己心を積極的に正当化する議論や利己心の正当化につながる議論が数多く見られる。たとえば、ホッブズの「自己保存」、マンデヴィルの「私悪すなわち公益」、ヒュームの「利己心の方向転換」、スミスの「徳への道と財産への道」や「見えざる手」は、前者の議論の典型であり、バトラーの「合理的な自己愛」、リードの「利害の感覚」は、後者の議論の典型である。一般に、利己心を正当化したモラリストして、ホッブズ、マンデヴィル、ヒューム、スミスが挙げられるが、バトラーやリードなど、彼らを批判していたはずの多くのモラリストも、利己心の正当化に深く関わっていたのである。

第三の特徴について言えば、シャフツベリやハチスンはもちろん、ホッブズやマンデヴィルも、利己心に対して大きな制約を課している。それに対して、ヒュームやスミス、バトラーやリードは、利己心に対してあまり制約を課していない。それは、彼らが利己心を啓蒙されるもの、合理的なもの、それゆえ、自制的なものと捉えているからである。この論争では、利己心がしだいに正当化され、それに対応して、利己心に対する制約もしだいに緩和されている。その行き着くところが、シジウィックの「合理的自己愛の原理」である。それは普遍的な原理であり、いかなる制約も課されない。こうして、この論争は、彼の言う「実践理性の二元性」の問題を抱えることになったのである。

では、利己心をめぐる論争は、その後、どうなったのだろうか。二〇世紀に入ると、シジウィックの後継者であるムア（George Edward Moore, 1873-1958）が、善の本性について考察した。それを出発点として、英語圏の倫理学では、善や悪、正や不正といった「道徳の言語」が主題とされるようになり、さらに、「道徳の本性」について考察する「メタ倫理学」という分野が誕生した。だが、その陰で、「人間の本性」は論じられなくなり、利己心をめぐる論争も忘れられるようになった。この論争は、一九世紀の終わりか、二〇世紀の初めに、いわば打ち止めになったのである。

そして、英語圏の倫理学では、メタ倫理学が発展する中で、「人間の本性」という考え方そのものに疑いの目が向けられ、近代の人間本性論が全体として否定されることもあった。利己心をめぐる論争も過去のものと見なされ、一部の議論が利己心を正当化するものとして用いられるにとどまった。だが、二〇世紀の後半には、メタ倫理学に対する反省が始まり、人間の性格を重視する「徳倫理学」が誕生した。そして、それに伴い、近代の人間本性論がしだいに見直されるようになっている。利己心をめぐる論争が復活することもあるかもしれない。

ただ、復活するかどうかにかかわらず、利己心をめぐる近代イギリスのモラリストたちの論争には、大きな意義がある。「はじめに」で述べたように、近代では、利己心は、人間の重要な本性として、肯定されるようになり、また、社会を支え、動かすものとして、容認されるようになった。この論争、とりわけ、利己心を正当化する議論は、そうした近代の人間観の形成に少なからず寄与している。そこに、この論争の歴史的な意義がある。また、同じく「はじめに」で述べたように、利己心が肯定され、容認されている点で、現代の精神的な状況は、近代のイギリスとそれほど変わらない。それゆえ、この論争は現代にも当てはまる。そこに、この論争の現代的な意義がある。

さらに、この論争には普遍的な意義もある。これまで紹介してきた通り、数多くのモラリストが様々な立場から論争に加わっている。そして、モラリストたちの議論は、それぞれ、人間の本性に対する深い洞察を含んでおり、しかも、先行する議論と密接につながっている。そのため、この論争には、他に類を見ない広がりや深さやつながりがある。それは、近代のイギリスでなされたものではあるが、時代や地域を超えた価値を有している。

だが、この論争には大きな問題もある。利己心を肯定し、容認する近代の人間観は、しばしば、他者や社会に対する無関心、過酷な競争や過度の不平等など、深刻な問題を引き起こしてきた。そして、現代でも、同様の状況が続いている。このような近代の人間観の形成に寄与したのは、まさにこの論争であり、その責任は重大である。

また、この論争は、利己心を、合理的なもの、啓蒙されるもの、あるいは、社会に利益をもたらすものとして、正当化してきた。しかし、利己心は、やはり欲求や情念であって、つねに理性に従うわけではなく、理性に反することもある。それどころか、理性のほうが利己心に従うこともしばしばある。また、利己心は、富や豊かさなど、社会に利益をもたらすこともあるが、対立や争い、混乱や危機など、社会に損害をもたらすこともあるし、社会に利益をもたらす場合でも、不平等や格差などを生み出している。それゆえ、この論争のように、利己心を完全に正当化することはできない。

では、利己心をめぐる近代イギリスのモラリストたちの論争を踏まえて、われわれは利己心についてどのように考えるべきだろうか。

まず、多くのモラリストが認めているように、利己心は人間の基本的な本性であり、それを否定することはできない。しかし、近代の人間観が引き起こした問題を省みるならば、利己心を無条件に肯定することもできない。それゆえ、利己心を安易に正当化することは許されない。そこで、利己心に対してどのような制約を課すべきかを改めて考えなければならない。初期のモラリストたちのように、大きな制約を課すべきか、それとも、のちのモラリストたちのように、あまり制約を課さず、できる限り容認すべきか。制約のあり方は、利己心を自制的なものと捉えるかどうかによって、また、近代の人間観が引き起こした問題をどのように評価するかによって変わるだろう。

次に、これも多くのモラリストが認めているように、人間は利己的であるだけでなく、利他的で社会的でもある。しかし、現実には、人間の利他性や社会性は、人間の利己性よりも弱く、また、利己性としばしば対立する。それゆえ、人間の利他性や社会性を強調したり、利己性と利他性や社会性の一致や調和を主張したりするだけでは不十分である。そこで、人間の利他性や社会性をどのように育成すべきか、利己性と利他性や社会性の一致や調和をどのように実現すべきかを改めて考えなければならない。とくに後期のモラリストたちの議論は、そのための手がかりを提供している。それらの議論のうち、どれを手がかりとするかは、つまるところ、自己と他者、個人と社会の関係をどのように捉えるかによって決まるだろう。

利己心に対してどのような制約を課すべきか。人間の利他性や社会性をどのように育成すべきか。利己性と利他性や社会性の一致や調和をどのように実現すべきか。われわれは、利己心をめぐる近代イギリスのモラリストたちの論争を踏まえて、これらの問題を改めて考えなければならない。それが、この論争から一世紀を経た、現代のわれわれの課題である。

あとがき

本書は、利己心をめぐる近代イギリスのモラリストたちの論争に関して、著者がこれまで行ってきた研究を、一般の読者の方々に紹介したものである。本書で紹介した内容は、拙著『増補版良心の興亡――近代イギリス道徳哲学研究』『近代イギリス倫理思想史』をもとにしている。論争について詳しくお知りになりたい方は、そちらをお読みいただきたい。

じつを言えば、本書は、著者の研究の中間報告である。モラリストたちの議論をどう理解するか、彼らの論争をどう総括するかで、悪戦苦闘が続いている。この研究を始めて二〇年近くになるが、結論には至っていない。そのような状況で読者の方々に本書をお読みいただくのは心苦しいので、今の段階ではっきりと言えるものに話を限っている。とはいえ、本書で紹介した限りでも、モラリストたちの議論は示唆に富んでおり、彼らの論争も魅力的である。読者の方々が「人間とは何か」を考えるうえで、彼らの議論や論争は大いに参考になるだろう。

最後になったが、本書を執筆する機会をお与えくださった三田哲学会、ならびに、編集の労をお取りくださった慶應義塾大学出版会の片原良子さんに、厚くお礼申し上げる。

二〇二二年一月

著者

柘植　尚則（つげ・ひさのり）
1964年生まれ。慶應義塾大学大学院文学研究科教授。博士（文学）。専門は倫理学・思想史。著書に『良心の興亡——近代イギリス道徳哲学研究』（ナカニシヤ出版、2003年／増補版、山川出版社、2016年）、『イギリスのモラリストたち』（研究社、2009年）、『近代イギリス倫理思想史』（ナカニシヤ出版、2020年）など。

慶應義塾大学三田哲学会叢書
人間は利己的か
——イギリス・モラリストの論争を読む

2022年4月20日　初版第1刷発行
2024年3月11日　初版第2刷発行

著者————柘植尚則
発行————慶應義塾大学三田哲学会
〒108-8345　東京都港区三田2-15-45
http://mitatetsu.keio.ac.jp/
制作・発売所——慶應義塾大学出版会株式会社
〒108-8346　東京都港区三田2-19-30
TEL〔編集部〕03-3451-0931
〔営業部〕03-3451-3584〈ご注文〉
〃　03-3451-6926
FAX〔営業部〕03-3451-3122
振替　00190-8-155497
https://www.keio-up.co.jp/
装丁————大倉真一郎
組版————株式会社キャップス
印刷・製本———中央精版印刷株式会社
カバー印刷———株式会社太平印刷社

Printed in Japan　ISBN978-4-7664-2821-6

「慶應義塾大学三田哲学会叢書」の刊行にあたって

このたび三田哲学会では叢書の刊行を行います。本学会は、1910年、文学科主任川合貞一が中心となり哲学専攻において三田哲学会として発足しました。1858年に蘭学塾として開かれ、1868年に慶應義塾と命名された義塾は、1890年に大学部を設置し、文学、理財、法律の3科が生まれました。文学科には哲学専攻、史学専攻、文学専攻の3専攻がありました。三田哲学会はこの哲学専攻を中心にその関連諸科学の研究普及および相互理解をはかることを目的にしています。

その後、1925年、三田出身の哲学、倫理学、社会学、心理学、教育学などの広い意味での哲学思想に関心をもつ百数十名の教員・研究者が集まり、相互の学問の交流を通して三田における広義の哲学を一層発展させようと意図して現在の形の三田哲学会が結成されます。現在会員は慶應義塾大学文学部の7専攻（哲学、倫理学、美学美術史学、社会学、心理学、教育学、人間科学）の専任教員と学部学生、同大学院文学研究科の2専攻（哲学・倫理学、美学美術史学）の専任教員と大学院生、および本会の趣旨に賛同する者によって構成されています。

1926年に学会誌『哲学』を創刊し、以降『哲学』の刊行を軸とする学会活動を続けてきました。『哲学』は主に専門論文が掲載される場で、研究の深化や研究者間の相互理解には資するものです。しかし、三田哲学会創立100周年にあたり、会員の研究成果がより広範な社会に向けて平易な文章で発信される必要性が認められ、その目的にかなう媒体が求められることになります。そこで学会ホームページの充実とならんで、この叢書の発刊が企図されました。

多分野にわたる研究者を抱える三田哲学会は、その分、多方面に関心を広げる学生や一般読者に向けて、専門的な研究成果を生きられる知として伝えていかなければならないでしょう。私物化せず、死物化もせずに、知を公共の中に行き渡らせる媒体となることが、本叢書の目的です。

ars incognita　アルス インコグニタは、ラテン語ですが、「未知の技法」という意味です。慶應義塾の精神のひとつに「自我作古（我より古を作す）」、つまり、前人未踏の新しい分野に挑戦し、たとえ困難や試練が待ち受けていても、それに耐えて開拓に当たるという、勇気と使命感を表した言葉があります。未だ知られることのない知の用法、単なる知識の獲得ではなく、新たな生の技法（ars vivendi）としての知を作り出すという本叢書の精神が、慶應義塾の精神と相まって、表現されていると考えていただければ幸いです。

慶應義塾大学三田哲学会